本书是 2022 年度辽宁省教育厅人文社会科学研究面目编号：LJKMR20221502）

基于教育生态化的大学英语教育探究

曲巍巍 ◎ 著

中国书籍出版社
China Book Press

图书在版编目（CIP）数据

基于教育生态化的大学英语教育探究 / 曲巍巍著
. -- 北京：中国书籍出版社，2023.10
ISBN 978-7-5068-9587-3

Ⅰ.①基… Ⅱ.①曲… Ⅲ.①英语—教学研究—高等学校 Ⅳ.① H319.3

中国国家版本馆 CIP 数据核字 (2023) 第 183985 号

基于教育生态化的大学英语教育探究
曲巍巍　著

图书策划	成晓春
责任编辑	毕　磊
封面设计	博健文化
责任印制	孙马飞　马　芝
出版发行	中国书籍出版社
地　　址	北京市丰台区三路居路 97 号（邮编：100073）
电　　话	(010)52257143（总编室）　(010)52257140（发行部）
电子邮箱	eo@chinabp.com.cn
经　　销	全国新华书店
印　　刷	天津和萱印刷有限公司
开　　本	710 毫米 ×1000 毫米　1/16
字　　数	200 千字
印　　张	10.75
版　　次	2024 年 1 月第 1 版
印　　次	2024 年 1 月第 1 次印刷
书　　号	ISBN 978-7-5068-9587-3
定　　价	68.00 元

版权所有　翻印必究

前　言

　　生态学是研究生物及其周围环境之间相互关系的科学。随着现代科学技术的不断发展，生态学突破了自然科学、生物学的应用范畴，被逐渐应用到社会学、法学、经济学、教育学等多个领域。生态学的和谐价值观、方法论等对教育产生了积极的影响，其生态模式也与教育形态更为贴近。运用生态学的方法研究教育与人的发展规律，便产生了教育生态学理论。教育生态学理论自提出至今，研究内容逐渐系统化，涉及构成整个教育生态系统的群体、教育活动本身以及教育活动所处的生态环境三个要素及其相互之间的关系，进而深刻揭示教育生态系统运行中的基本规律。在信息化时代，教育生态学逐渐成为学者研究的热门学科。大学英语教育生态化研究是指基于生态学理论对大学英语教育教学中的各种现象及问题进行深层次整合，并通过优化资源配置促进新时代大学英语课堂与网络学习、移动学习模式有机融合，从而提升大学英语教育教学质量。

　　本书共五章。第一章阐释教育生态学与大学英语教育，分别介绍了教育生态学理论、大学英语教育教学基本原则、大学英语教育教学改革现状与趋势三个方面的内容；第二章阐释了大学英语课堂生态系统的内涵与结构，分析了作为教授活动主体的教师、作为学习活动主体的学生、作为教学资源的语言、作为教学场域的环境及英语教学生态模式各要素之间的生态关系；第三章聚焦基于教育生态化的大学英语课堂教学实践，对大学英语课堂生态教学实践环节、大学英语知识教学与实践、大学英语技能教学与实践、大学英语语言文化融合教学与实践进行深入解析；第四章基于教育生态化的大学英语课堂教学模式构建，探究了新时代大学英语课堂的生态特征、大学英语课堂教学生态失衡现状与原因、大学英语生态课堂教学模式的构建原则、大学英语生态课堂教学模式的构建策略四个方面的内容；第五章探讨基于教育生态化的大学英语教师发展路径，内容包括教育生态学视域下，大学英语教师的生态位现状、新时代影响大学英语教师发展的因素、信息化背景下大学英语教师生态位的重构，以及教育生态学视域下的大学英语教师专业发展。

在撰写本书的过程中，作者得到了许多专家学者的帮助和指导，参阅了大量学术文献，在此一并表示衷心的感谢！

由于作者水平有限，本书难免存在一些疏漏，在此，恳请专家、同仁和读者朋友批评指正！

曲巍巍

2023 年 4 月

目 录

第一章　教育生态学与大学英语教育 ·· 1
第一节　教育生态学理论 ··· 1
第二节　大学英语教育教学基本原则 ······································ 9
第三节　大学英语教育教学改革现状与趋势 ···························· 15

第二章　大学英语课堂生态系统的内涵与结构 ···························· 27
第一节　作为教授活动主体的教师 ·· 27
第二节　作为学习活动主体的学生 ·· 37
第三节　作为教学资源的语言 ·· 39
第四节　作为教学场域的环境 ·· 48
第五节　英语教学生态模式各要素之间的生态关系 ·················· 54

第三章　基于教育生态化的大学英语课堂教学实践 ······················ 56
第一节　大学英语课堂生态教学实践环节 ······························· 56
第二节　大学英语知识教学与实践 ·· 69
第三节　大学英语技能教学与实践 ·· 75
第四节　大学英语语言文化融合教学与实践 ··························· 86

第四章　基于教育生态化的大学英语课堂教学模式构建 ················ 90
第一节　新时代大学英语课堂的生态特征 ······························· 90
第二节　大学英语课堂教学生态失衡现状与原因 ····················· 95

第三节　大学英语生态课堂教学模式的构建原则 …………… 112
　　第四节　大学英语生态课堂教学模式的构建策略 …………… 117
第五章　基于教育生态化的大学英语教师发展路径 ……………… 132
　　第一节　教育生态学视域下大学英语教师的生态位现状 …… 132
　　第二节　新时代影响大学英语教师发展的因素 ……………… 142
　　第三节　信息化背景下大学英语教师生态位的重构 ………… 149
　　第四节　教育生态学视域下的大学英语教师专业发展 ……… 156
参考文献 ………………………………………………………………… 163

第一章 教育生态学与大学英语教育

本书第一章阐释教育生态学与大学英语教育，分别介绍了教育生态学理论、大学英语教育教学基本原则、大学英语教育教学改革现状与趋势三个方面的内容。

第一节 教育生态学理论

教育生态学是教育学与生态学相互交叉的一门边缘学科，它融合了教育学与生态学的相关理论和研究方法。当然，作为一门独立存在的学科，教育生态学不可能仅仅是教育学和生态学两门学科的简单叠加，它有自己的研究对象、研究任务、基本原理和方法。

一、教育生态学概述

我国的教育生态学研究起步较晚，20世纪80年代才稍有起色，其中我国台湾地区1989年出版的李聪明所著的《教育生态学导论：教育问题的生态学思考》，是一个代表性的研究成果。1990年江苏教育出版社出版了由吴鼎福、诸文蔚合著的《教育生态学》，这也是大陆地区第一部全面研究介绍教育生态学理论的专著。时至今日，比较有代表性的成果还有任凯、白燕所著的《教育生态学》，范国睿所著的《教育生态学》。由于不同的学者研究视角不同，研究的侧重点也不尽相同，有的侧重从教育学角度入手，有的则以生态学理论原理为基础来探讨教育学相关问题。当然无论研究角度和方法有多大不同，教育生态学里面的一些基本理论无外乎以下几点。

（一）教育生态学的定义

教育生态学是指依据生态学的原理，研究各种教育现象及其成因，进而掌握教育发展的规律，揭示教育的发展趋势和方向。概括地说，教育生态学是研究教育及其周围生态环境之间相互作用的规律和机理的一门学科。这里所提到的周围生态环境包括自然环境、社会环境、规范环境等,即我们所说的教育的复合生态环境。其中,自然环境又可称为"物理环境",社会环境又可称为"结构环境",规范环境又可称为"精神环境"或"价值环境",它们又包含气候、温度、氛围、人口、文化、经济、教育资源等环境要素,这些要素我们统称为"环境生态因子"。学者们研究较多的也是从各个生态因子入手,探讨不同的生态因子与教育的关系和它们对于教育的作用。目前较为成熟的成果和观点主要是关于人口、文化、教育资源、学校分布、班级环境等及其与教育生态的关系的研究。

(二)教育生态学的研究对象

从教育生态学的定义中不难看出,教育生态学的研究对象不仅仅是教育现象和问题,也不仅限于周围的生态环境,而是把教育与生态环境联系起来,并将其相互关系及作用机理作为研究的对象。

(三)教育生态学的研究任务

吴鼎福、诸文蔚在其所著的《教育生态学》里提出了教育生态学研究的三大任务:第一,从生态圈出发,以系统网络的观点全面地分析各种生态环境与教育的相互关系,以及生态环境中各种生态因子对教育的作用机理和规律;第二,从宏观和微观的角度入手,研究宏观教育生态和微观教育生态,细分一下有:教育的个体生态、教育的群体生态和教育的生态系统。尤其是生态系统的研究,是教育生态学研究的重点;第三,运用水平分析法,分析教育的水平结构、教育的分布模式以及教育生态的功能等。

(四)教育生态学的研究方法

作为一门独立学科,教育生态学的研究永远脱离不了三大方法:理论研究与实践研究相统一、定性研究与定量研究相统一、宏观研究与微观研究相统一。这也是众多学科研究的方法论基础。在教育生态学里还强调运用数学方法,进行调查、统计以及系统分析,建立数学模型,把握全部要素及其动态情况。

(五)教育生态学的基本原理

教育生态学属于生态学的一个分支。生态学的基本原理有胜汰原理(优胜劣汰)、拓适原理(拓展适应)、生克原理(相生相克)、反馈原理(正负反馈)、乘补原理(相乘相补)、瓶颈原理(S型增长)、循环原理(循环再生)、主导性和多样性原理(主导性产品和多元化结构)、生态发展原理(系统发育和功能完善的过程）、机巧原理（机遇和巧合）。这些原理可概括为能量、物质、信息的交流、联系、共生的原理。总的思想即维持生态系统和生态平衡，实现可持续的发展。将上述原理延伸到教育生态学中，学者们总结出教育生态学的几大基本原理。

1. 限制因子定律原理

影响教育发展的因素有很多种，教师的水平和素质、学生的身体素质、班级氛围等，也就是我们上述提到的生态因子。每个生态因子在一个确定的生态系统中都有一个范围阈值与之相适应，不能超标，也不能低于某一个下限值，否则都会影响整个系统的发展。这就是限制因子定律。在教育生态学里，最重要的限制因子是能量流和信息流。人作为具有主观能动性的生物，精神的力量可以部分地转化为能量和物质，这不仅对限制因子的作用具有适应机制，而且可以主动地创造条件，积极反馈调节，变限制因子为非限制因子。

2. 耐度定律原理

生态因子对于教育生态中的核心要素——人的刺激和作用有最小值、最大值和最适度值。人们认为生物体对于某一生态因子可能只有很窄的忍耐范围。这个范围就被称为"度"，达不到或者超过这个度，就会产生不利的或者相反的影响。教育的群体生态系统更要符合耐度定律，将各要素控制在一定的范围之内。当然，如果能达到"最适度"为最好，在这个最大值、最小值的度中，有个最适度值。最适度的"度"即生态因子质和量的统一，也就是教育生态因子的影响和受教育者的承受力之间彼此作用、协调发展的结果。教育和教学都要贯彻好最适度原则。

3. 花盆效应原理

花盆效应又可以称为"局部生境效应"，长在花盆里的花虽然在主人的精心照顾之下开放得异常美丽，但是如果失去了照顾、没有了人工创造的优良环境条件，就忍受不住高温和严寒的考验，就会枯萎，甚至死亡。用一句话形象地概括，即温室里的花朵经不起外面的风吹雨打。类比到教育生态学里，尤其是在家长和儿童的亲子关系里，这种现象表现得尤为突出。一种现象是人为地限制局部生境，另一种就是人为地制造局部生境。花盆效应就是提醒人们要彻底摒弃封闭式教育，而要建立一个开放的生态教育系统，让师生们接触自然，在社会环境中生存与发展。

4.教育生态位原理

在生态学里，生态位主要是指生物群落外部和内部关系的基础。生态位是生物单元在特定生态系统中与环境相互作用过程中形成的相对地位和作用，主要包括"态"和"势"。"态"指生物单元在过去与环境及其各要素之间长期相互作用的结果；"势"是生物单元对环境的影响力和支配力。当生长环境有利时，生物单元就具有无限增长的潜力，试图占据更大的生存和发展空间，产生更大的生态作用，即生态位的扩充。在教育生态学里面，处于同一生态位的群体之间会相互竞争，因此要运用生态位原理处理好竞争中出现的问题，以及教育系统外部资源开发和利用的问题。

此外，当前学者研究较多的，还有教育生态的整体效应、边缘效应、教育生态链法则、群体动力和教育节律等基本原理。

（六）教育生态的基本规律

1.迁移和潜移规律

教育生态系统中物质流、能量流的输入过程表现为较明显的迁移，而物质流、能量流转化为信息流或称知识流的过程表现为不明显的潜移。举例来说，学校从企业购入现代信息技术设备，这时物质流、能量流便由教育外部向教育内部迁移；而部分物质流在学校教学生态系统的运作中逐渐内化为师生的知识技能和信息素养，这种物质流向信息流的转化过程表现为潜移。

2.富集与降衰规律

在教育教学中主要是指能量流、信息流、物质流的富集和降衰。富集对于个体、群体以及生态系统的发展是至关重要的，同时也要适时进行强化，防止降衰的发生。

3.平衡与失调规律

生态平衡包括个体、群体与生态系统等不同维度的平衡。教育生态平衡主要表现在教育结构上，比如各年级学生的构成比例、各类学校的构成比例以及学校内部的师生比例、课程结构设置等方面的平衡和失调；还会表现在教育功能上，比如能量流、物质流和信息流输入和输出以及教育效能的平衡与失调。

4.竞争机制与协同进化规律

教育生态系统内部和各个大的教育生态系统之间都存在着竞争，有良性竞争和恶性竞争，竞争的结果必然会导致优胜劣汰。随着竞争激烈程度的增加，相互作用逐渐减弱，相互正向作用逐渐增强，协同进化的现象随之产生。

5. 教育生态的良性循环规律

在教育生态系统中，人才流、物质流和能量流有自己的良性循环机制。良性循环对于保持生态系统的稳定、维持生态平衡，起着至关重要的作用。

（七）教育生态的基本功能

任何一门科学的产生和发展都有其功能性，功能又可分为内在的功能和向外延伸的功能。在教育生态学里我们认为，教育生态的功能可归纳为内在功能和外在功能两方面。

1. 教育生态的内在功能

在教育生态系统内部，人是核心要素，内部功能也就体现在"育才"上。一方面向受教育者传授生产劳动的经验，使其掌握基本知识和基本能力，为社会生产服务；另一方面还向受教育者传授社会生活经验，培养其了解和掌握一定的道德标准和行为规范。此外，随着教育教学的进一步发展，创造和发展科学、技术和文化的功能也日益凸显，同时向外部社会直接输出智力的功能也逐渐占据显要地位。

2. 教育生态的外在功能

教育生态的外在功能主要指其社会功能。社会的发展无非就是政治、经济、科技和文化方面的进步。教育生态的外在功能也就体现在这四大领域上。

在政治方面，教育体现的是服务功能。中国教育培养的是社会主义事业的接班人，就要为社会主义现代化建设服务。

在经济方面，教育体现的是奠基功能。百年大计，教育为本。教育是经济发展和科技进步的基础工程，对经济的发展具有奠基性的功能和作用。

在科技方面，教育体现出了"二元"功能。一方面，教育培养出卓越的科学技术人才；另一方面，向社会直接输出科研成果。这两者是紧密相联的。

在文化方面主要体现在选择功能上。教育可以通过对文化编整、糅合、加工和改造从而进行肯定性选择，也可以通过对文化斗争、反衬、归谬和排除进行否定性选择。另外，教育还可以创造和发展新兴文化。

二、生态因子与教育生态的关系

教育生态学是研究教育及其周围生态环境之间相互关系的作用规律与机理的一门学科。在教育生态学里将"周围生态环境"准确地称为"教育的复合生态环境",它包括自然生态环境和人工生态环境;也可分为三类环境:自然环境、社会环境和规范环境。在每一类的环境中又包含多种多样的要素,比如自然环境里面的温度、湿度等气候要素,自然地理要素等;社会环境里的人口、经济、家庭、职业等;规范环境里的道德规范、风俗习惯、民族传统等。这些要素在前文已经说明过,可以统称为"生态因子"。每种生态因子都可作为教育生态学的研究对象,对教育教学都产生着重要的影响。受篇幅限制,本部分主要阐述与教育关联非常紧密的文化、人口、教育资源这三大生态因子与教育生态的关系。

(一)文化与教育生态的关系

文化是人类物质生产与精神生产活动及其产品的总和。它渗透进社会各个子系统里,尤其在教育生态系统中,文化是教育教学过程中教育资料的构成要素,所以它与教育生态的关系更为密切。一定区域的教育肯定会受到该区域文化发展的影响,不同区域里不同的文化构成要素对教育的影响也有差异。文化与教育,两者是一个动态的发展过程。具体来讲,可以从文化对于教育的影响和教育对于文化发展的影响两个方面进行分析。

一方面,不同区域的、不同类型的文化会直接影响教育教学内容的选择,会影响教育管理方式的选择。不同地区的人们由于所处的生态环境不同,所形成的文化传统也不尽相同,在教育过程中也会表现不同。例如,有的区域重视知识的传授,有的区域更加重视技能的培养。近代以来西方社会文化注重理性,推动了义务教育等各种法律制度的建立和完善,而中国文化传统中以儒家思想为代表,强调理性的同时也强调人的作用,强调行为的合情合理,这就淡化了法治观念。其实,在我国,从少数民族和汉族的教育理念和方式的不同更能看出文化对于教育的影响。《中华人民共和国民族区域自治法》里就明确规定,要给少数民族地区办学自主权,少数民族自治地区可以根据国家的教育方针和法律,制订本地区的教育规划和各级各类学校的设置、学制、办学形式、教学内容、教学用语和招生办法等。

另一方面,教育对于文化变迁、传承方面也会产生重要影响。文化的变迁可以分为两种类型:一种是在内部的文化传递,也可称为"纵向的文化沟通";另一种是指不同区域的文化流动,也可称为"横向的文化沟通"。纵向的文化传承也就是人类学家所说的儒化的过程,横向的文化流动就是人们所称的"涵化的过程"。无论是儒化还是涵化,都会发生不同类型的多元文化相交叉、相融合的现象。当今社会就是一个多元文化型社会,教育的功能之一就体现在对多元文化的甄别、选择、传播、创造上。多元文化教育对于教育内容、教育目标、教育方式、教育管理以及教育评价等方面都产生了重大影响，创造了一个多元性的教育生态环境。

（二）人口与教育生态的关系

人口是指生活在一定社会形态下，居住在一定区域和社会范围内人群的总体。研究者们对人口与教育问题的关注，始于20世纪50年代世界人口的急剧增长。人口的大爆炸对于教育生态系统的影响是一把双刃剑：一方面，急剧增长的人口使得社会的教育需求急剧增长；另一方面，人口的增长又使得社会所可能提供的资源特别是人均教育资源有可能减少。比如我国人口的急剧增长使得人口数量超过了教育的人口容量，教育资源的完善跟不上人口增长的速度，导致我国义务教育普及的过程非常曲折。

从总体上看，世界人口数量是呈增长的趋势，但人口的增长并不是直线式的，而是有一个骤升骤降的过程，我们称之为"人口的脉动式增长"。人口的这种脉冲式波动给教育生态带来了诸多问题，例如，一段时间人口骤升，一段时间出现下降，就会带来教育规模的不稳定性。人口骤升后就要扩大教育规模，等到高峰期一过，又会造成资源的闲置问题，又要减小规模。另外人口的波动还会带来的一个问题就是学制结构的变化。

全球人口数量巨大是事实，但由于受到社会生产方式、历史、政治等因素的影响，人口地域分布不平衡也是事实。世界范围内的人口稠密地区有四大块：亚洲东部、南亚次大陆、欧洲和北美洲东北部。同样，世界人口在各国家和各地区之间的分布也是不平衡的，诸如印度、中国这样的发展中国家与美国等发达国家的对比就是典型代表。人口分布得如此不平衡势必会导致教育生态的不平衡。在发达国家教育资源越来越充裕的同时，很多发展中国家还在思考着如何扩大教育规模，完成普及义务教育的任务。具体到我国，瑷珲—腾冲线的划定使得我国人口分布状态一目了然，此线东南人口非常密集，此线西北人口异常稀疏。加上经济发展水平的东西差异，很容易造成我国东南沿海地区教育资源充裕、教育水平发达，而西北地区教育资源匮乏、教育水平相对落后的格局。

每个地区的人口数量并非固定不变，人口在地区间都有一定规模的迁移，如从农村迁移到城市，从国内迁移到国外。一方面，人口的迁移会影响人口整体素质，较高素质的人口能为教育生态系统的健康发展提供重要的前提条件。国际性的人才迁移有利于迁入国的科学技术和教育事业发展。另一方面，人口的迁移会造成教育需求的变化。无论是国内移民还是国际移民，智力资源流失、教育资源荒废现象都会发生，这就导致了教育生态系统的破坏和重建。

众多人口中还有一个重要的参考要素就是男女比例，即人口性别结构。男女结构比例的不平衡，尤其是学校中男女生比例的失调将会导致众多教育生态问题。例如，女生在学率低导致的男女生比例失调，将直接影响学生在学校活动中的交往，进而影响学生的身心发展，给学校教育教学活动和管理工作带来很多问题。

（三）教育资源与教育生态的关系

"资源"一词主要是指参与人类生态系统的能量流、信息流和物质流，从而保证系统的代谢功能得以实现，使系统得以稳定地、不断地、有序地进化升级的各种物质。教育资源，顾名思义就是教育生态系统发生发展的基本条件，也是教育生态系统与社会生态系统进行物质、能量、信息交换的基本内容。从教育资源的分布与管理上来看，会造成三种情况：教育资源的短缺、教育资源的不平衡和教育资源的浪费。

教育资源的短缺是阻碍教育生态系统发展的主要因素。教育资源的短缺包括教育经费的投入不足、配套设施和环境的不够完善、人员的裁减而导致的人力资源不足等方面。这些不仅制约着教育生态系统的运行与发展，还会造成教育生态失衡，导致整个教育系统陷入质量低、效益差的恶性循环之中。

教育资源的分布受到政治、经济、地理、文化等因素的影响，势必会造成教育资源分布不平衡现象。受到经济发展情况的限制，不同地区教育经费的投入肯定大不相同。发达国家与发展中国家，城市地区与乡村地区，它们相互之间经济发展水平有高有低，教育资源分布在经费投入方面就会出现不平衡。另外，教育资源的分布在不同的学校也会出现不平衡现象，这主要表现在初、高等教育投入上的不平衡。

对于教育资源的浪费，不同的学者对其进行了不同的分类。日本学者新堀通也将教育浪费分为三种：①教育目标欠缺，造成教育不得不流于形式；②教育目标得不到实现而产生浪费，又称"教育职能不全"；③出现与既定的教育目标相反的结果而出现的浪费，又称作"教育的逆向职能"或"逆向效果"。还有学者将教育资源浪费分为教育系统内部的浪费和教育系统外部的浪费、显性浪费与隐性浪费、直接浪费与间接浪费等。

在教育教学实际中我们看到的教师流失、学生辍学、毕业生找不到工作等现象，均可纳入教育资源浪费的范畴里。这些现象，尤其是显性外部浪费的频繁发生,所带来的潜在影响是,会使人们对教育的价值、读书的作用逐渐丧失信心,进而导致新的"读书无用论"产生,而这种思想一旦蔓延开来,会造成学校教育资源的更大浪费,形成教育资源浪费的恶性循环,导致教育生态系统无法持续、稳定发展。

随着教育生态学这门学科的不断发展,对这三大方面研究的理论将会更加全面、完善。同时研究者对于生态因子的研究也不会仅限于这三大块,还会出现对学校分布、校园环境、课堂环境等生态因子的研究,这也就是很多研究者将教育生态学与学校教育教学相融合所形成的生态教育、生态课堂研究。

第二节　大学英语教育教学基本原则

大学英语教育随教学地点、目标或其他因素的变化而有所不同,但是不同大学的英语教育是有共同点的。对这些共性进行分析能够总结出普遍适用于大学英语教育的原则。

一、交际性原则

交流是语言学习的最终目标,人们将语言作为交流和表达思想的媒介。交际是指在特定语境中说话者与听话者、作者和读者之间的意义转换。根据传播学的定义,可以得出四个有关交流的认识:①交流有书面和口头两种形式;②交流必须在特定环境下进行;③要组织交流,至少有2个人参加;④交流是参与者之间的互动。

总之,交流的过程是在各种情况下正确表达语言的过程。大学英语学习不再局限于基本理论知识的学习,而是一种实用且系统的英语知识学习过程。由于学生实践能力的培养是大学英语教育的核心内容,因此大学英语教师必须充分认识到这一点,并积极营造多样化的交流环境,以提高学生的交流能力。教师应鼓励学生使用英语进行日常交流,以便学生运用所学知识实现提高其语言运用能力的目标。为了促进这一目标的实现,教师必须进行以下努力。

(一)认识本质

英语学习不仅是一个知识积累的过程,而且是一门重要的技能培训课程。学习和使用英语是大学英语教学的基本组成部分,也是大学英语教学的核心。大学英语教育的关键不是学生可以获得多少知识,而是他们是否可以使用沟通工具来提升自己的沟通技巧。大学英语学习与很多其他学习活动相似，只有通过不断的练习才能提升学习效果。只有认识到大学英语教育的这种重要性质，才能更好地学习英语并发展英语技能。

（二）设计情境

英语交流应在特定的语言环境中进行，所以要根据语言交流的特质为学习者创造适当的环境。情境的设计应包括时间、地点、参与者、沟通方式（口头或书面）、主题讨论等。以上所有因素均可对交流产生重大影响，双方的身份、年龄和学历都会影响交流的内容。例如，有些具有较高社会地位的人的语言在交流中更加礼貌和正式，而有些中下阶层的人的语言则更为口语化。各种现实情况对情绪和思想的表达都有重要影响，例如，"Can you tell me the time？"（你可以告诉我时间吗？）可能意味着某人需要知道当前的时间，或者是在指责另外一个人迟到了。因此，在大学英语课程中，要为学生设计相应情境，尽可能与学生的真实生活联系在一起，以便学生能够更好地沉浸于英语学习中。这样不仅会增加学生的学习兴趣，还有助于学生更多地应用他们所学的英语知识，实现知识的巩固。

（三）精讲多练

《大学英语教学指南》（2020 版）明确了大学英语课程的首要教学目标是培养学生的英语应用能力和跨文化交际能力，在高中英语教学的基础上进一步提高学生英语语言的综合应用能力。在教学过程中，教师应以学生的根本需求为出发点，精心设计教学内容，并围绕教学重点设置丰富多彩的教学活动和练习内容，帮助学生反复操练，巩固所学知识，即精讲多练。精讲是了解和理解知识，明确知识点是什么；练习是消化和使用知识，通过思考和实践，知道知识怎样用。教师在讲解重要知识和基础知识的基础上，要根据布鲁姆目标分类理论，设计认知难度递增的课堂活动，遵循"渐进""精准""多样"的原则，并适时地为学生搭建脚手架，辅助学生一步一步有效完成产出任务，达到教学目标，进而实现"学以致用"，让学生感受到"学有所用"。

二、以学生为中心原则

学生是教育活动的主体和内部要素，必须以学生为中心，充分激发学生的主动性，才能有效提高教育质量。所谓"以学生为中心"，是指根据教学过程中学生的实际情况，设计和组织教学活动，培养学生的沟通能力。

大学英语课程实践性强,这门课程要求学生必须做到"听""说""读""写""译"能力全面综合发展,要求加强对学生英语实际应用能力的培养,而这一目标就需要通过明确学生的主体地位来实现。

高校英语教学要以学生为中心,教师就必须在以下几个方面强调学生的中心性。

(一)教材分析

在分析教材时,教师必须充分理解和掌握教材的内容,利用以往的教学经验选择教材中合适的教学内容,确定符合大学生实际情况的学习目标和任务。对于大学英语课程而言,教材注重的仍然是英语国家的语言和文化内涵,选用的文本内容大多反映西方的政治、经济、文化生活,传播西方价值观。为了顺应新时代党和国家对教育的基本要求,教师应在教学内容的选择上基于教材而不拘泥于教材,深入挖掘教材文本内容所蕴含的思政要点和元素,自觉融入社会主义核心价值观和中华优秀传统文化,选用与教材内容密切相关的优质教学资源,力争实现语言、文化、思维与思政教学的无缝衔接。

(二)备课活动

备课是教育活动的重要组成部分,教师可以通过备课来满足学生需求。因为教师能够通过课堂测验或考试成绩来了解学生的学习状况,这就使得教师可以根据学生的学习水平、能力、学习方式和学习态度来设计教学实践活动,这个过程就是备课的过程。教师应尽最大努力在备课中设计更多开放性的学习任务,以促进所有学生的参与,使他们真正成为学习的主人。

(三)教育活动

由于每个学生的个性和水平存在差异,因此教师必须结合每个学生的特点、兴趣和知识结构等实际情况来设计各种教学活动。例如,一些学生开朗、热情、善于交际,经常自觉地参与英语交流学习活动,而比较害羞内向的学生对英语教育交流活动的参与度就比较低。这要求教师要全面考虑并尊重学生的个体差异,设计所有学生都可以参加的教育活动,充分调动每个学生的积极性,以便所有学生都可以有效地锻炼自己的英语能力。

(四)教学方法

在教学中,教师必须根据教学内容的特点选择最合适的教学方法,以提高教育质量。使用直观的教学方法可以唤醒学生的视觉和听觉，动员学生参与知识学习，如幻灯片和投影等手段，可以通过知识的可视化来强化知识的记忆效果，帮助学生更好地理解和记住知识。总之，如果能够灵活采用合适的教学方法，可以营造出更好的学习氛围，使学生在放松状态下完成语言学习。另外，教师必须及时对学生进行评估，这样学生才能及时发现自己的不足之处。

但是，我们要注意，以学生为中心不代表忽视教师在英语教学中的指导作用，也要充分调动教师教学的积极性，才能确保有效提高教学质量。在以学生为中心的理念下，教师必须创造适合学生的学习条件。教师的"教学"应该基于学生的"学习"。教师在所有教育活动中都要考虑学生的需求，并根据学生的反应调整其教育活动。高校英语教学要坚持学生在教学中的主体作用，就必须让学生成为教学整体结构的核心。在教师、学生和信息技术之间，在教学活动和其他生态因子上，坚持以学生为中心的指导原则，各因子应服务于学生学习与全面发展。另外，在制定教学目标、教学要求等过程中，教师应该从学生的角度思考问题，形成开放的局面、灵活的制度。由于学生的发展变化会呈现阶段性特征，故教师应该有针对性地调整教学目标和要求。在课前备课、课上组织教学和课下评价反思过程中，都需要符合学生实际情况，据此选择教学内容、组织教学活动和采用教学方法。信息技术应该为学生学习与成长服务，切忌在教学过程中过于依赖信息技术，或者将信息技术视为教学摆设，而应该充分认清信息技术具备的优势，借助信息技术巩固学生在教学结构中的中心地位。

首先，要指导学生积极地学习英语。英语学习过程应是学生主动建构知识的过程，教师在教学过程中，要激发学生的英语学习兴趣，激发学生的学习热情，培养学生积极主动的学习心理。以教师为指导，以多媒体为手段，以信息技术为支撑，把英语学习变成学生获得知识、技能、方法和策略的过程，实现自我发展，让学生成为自我学习的真正主人。

其次，鼓励学生主动参加英语活动。高校英语教师应从大学英语实践性特征出发，引导学生积极主动投入各种英语活动与练习中，发挥学生的主观能动性和自我创造性，使其在与他人、与社会交流沟通的过程中增强英语交际表达能力。

最后，要让学生成为学习评价的主体。开展英语评价，不应过于关注学生所掌握的词汇量、句型句式等，而应将提高学生的学习能力作为主要目的。这就需要以学生为评价主体，一方面了解学生的自我学习情况，另一方面要求学生学会自我评判、反思，在自我改进和评定过程中实现自我主动学习。

践行"以学生为中心"原则，须妥善处理好"教"与"学"之间的关系，把

"学"作为中心环节。英语生态课堂教学过程中,教师并非绝对主宰课堂的"生态霸主",而是与学生站在相同位置上的生态主体。教师的职责不只是传授知识、发展智力,更重要的是要引导学生参与探究过程,即做好组织者、激励者与欣赏者的工作。学生在课堂中是主动探索者,是主角。明确学生在课堂教学中的主体地位,教师必须保持正确的教学观念,合理规划教学目标,成为学生知识构建及自身发展的引领者;教师要面向学生,摒除死板硬性计划问题,为教师和学生留下共同探究的空间,立足学生实际,设计并组织教学。另外,教师需要思考,在教学中要怎样锻炼、提高学生综合运用英语的能力,怎样组织行之有效的语言实践活动,让学生能以积极主动的心态参与其中。在与学生互动的过程中,教师可给予适当的引导和帮助,以完成对知识的获取和消化。教师应当充分利用各种教学资源来优化课堂教学,但应以掌握相关的信息技术知识与技能为前提,这样才能帮助学生辨别和分析海量信息资源,汲取有利于知识建构的养分。

就学生而言,其自身也要转变思想观念,发挥学习主动性,把自己由被动地接受知识的客体变成积极主动地建构知识的主体。学生应该掌握语言学习的性质,积极同他人交往,在沟通和互动过程中实现语言学习,持续提升自身的英语学习与语言运用能力。

从生态学视角来看,"以学生为中心"的研究是一种以资源为基础的生态型研究,它强调资源最优化、多元性和及时性,需要进行有效的管理服务。学生选择学习资源(它由文本、音频和视频三部分组成)和利用信息技术,在很大程度上会受到客观条件的制约(如设备资源、系统维护技术和教学平台建设等),这就需要广大教师及教学服务人员确立服务学生的思想,做到以学生学习和成长为基点,运用现代信息技术、依托互联网资源优势,为学生创造所需的、个性化的自主学习环境。

三、兴趣性原则

兴趣是最好的老师,是推动学生不断前进的最强有力的动力。我国儒家经典《论语》中有一句话,"知之者不如好之者,好之者不如乐之者"。古代教育家孔子强调了兴趣在学生学习过程中的重要作用。有学者认为,探索和追求世界的兴趣是学生学习的最大动力。学习兴趣激发了学生的学习动机,使他们能够积极参与学习活动。对于学生来说,英语学习的兴趣在很大程度上决定着英语学习的效果。从表面上看,我国学生在英语学习中似乎大多都很消极,不主动。实际上,很多学生一开始对英语学习并不排斥,这是因为他们对于英语学习具有天然的兴趣、对新鲜事物和对异国语言与文化也抱有强烈的好奇心。之所以很多学生对英语学习后来又失去兴趣，英语水平迟迟得不到提高，很大程度上是因为传统教学中教学理念出现偏差、教师教学方法不当、评价体系不科学等。因此，若想真正提高教学质量，必须首先从源头抓起，努力激发和培养学生学习英语的兴趣，为英语学习注入动机和活力，这样教学效果的提升也就指日可待了。

大学英语教师必须在促进学生学习的过程中发挥作用，培养和激发学生的学习兴趣，提高教学效率。为了有效地激发学生的学习兴趣，教师需要从以下几个方面入手。

（一）尊重学生

学生是学习的主体，并且是整个学习活动的重要参与者。在大学阶段，学生的世界观、人生观与价值观会逐渐形成。在教育活动中，教师不应根据自己的经验为学生规定必修的学习内容和作业，而要充分尊重学生的心理，根据学生的需求组织学习内容。大学是英语知识学习的一个新阶段。在这个新阶段刚开始的时候，学生可能会缺乏自制力，需要在教师的监督和指导下才能成功完成学习任务。随着时间的推移，学生就会具备越来越强的自我管理能力，可以对自己的学习负责。教师必须放弃以自己为主的教学模式，不要过多地干涉学生的学习，而要尊重和理解学生的兴趣爱好和学习心理。

（二）摒弃灌输

交际练习是英语学习的高级阶段。在这一阶段，学生仍必须记住一些语法知识和词汇，并且要遵循一定的学习规律。教师在教学活动中要向学生介绍有效的英语学习策略，以便学生能够理解并记住英语知识。教师必须科学设计教学过程，并在教学过程中创建真实的语用场景，以便学生可以获取和内化现实世界中的知识。以往灌输式、脱离实际的教学模式必须被摒弃。

（三）增加沟通

在大学课堂上，来自各地的学生聚集在一起，在性格、习惯等方面都存在一些差异。作为教学组织者的教师应鼓励学生参加各种教育活动，促进学生之间的互动，并通过彼此沟通与学生建立起良好的友谊，以便更好地了解彼此。实践证明，教师的个性、爱好和其他个人特点会影响学生的学习效果。一定程度上，个性较强的教师会自然地吸引学生，并使他们更愿意参与教学过程。换句话说，学生对英语教师的态度决定了他们对英语课程的态度。因此，教师应通过尽可能提高自身的个性吸引力来提高英语教学的质量，从而鼓励学生更好地学习英语。

四、输入优先原则

输入意味着学生通过听力和阅读获得语言材料。输出则是指通过口头和书面表达思想。心理学研究表明，输入是输出的基础，只有足够的输入才能产生输出。学生的语言输入量越大，语言输出能力就越强。

第三节 大学英语教育教学改革现状与趋势

经过多年的不懈发展，我国的大学英语教学取得了显著的成绩。大学英语教学在教与学两个层面上的改革都取得了明显进步，在教学理论、教学内容、教学方式、教学实践、教学效果上都有较大的改变与提升。随着社会的发展，社会各界对大学生英语水平也提出了更高的要求。因此，有必要从整体上论述一下，在如今的新媒体时代大学英语教学改革的现状与趋势。

一、大学英语教学改革的基本原则

大学英语教学改革并不是毫无依据可循的，而是要遵照一定的规则和理论依据的。下面介绍大学英语教学改革中常见的一些原则。

（一）灵活性原则

灵活是兴趣之源，灵活性原则也是兴趣原则的有力保障。同时，语言是一个充满活力、不断发展的开放性系统，所以英语教学改革应该遵循灵活性原则。具体来讲，教师应该在平时的教学中做到：①运用灵活的教学方法；②引导学生采用灵活的学习方法；③灵活使用英语组织课堂。

（二）系统性原则

系统性原则也是英语教学改革必须遵循的一个原则。系统性原则主要有三个作用：①能够使学生对所学内容有比较系统、完整的概念；②能够使学生建立起各个部分知识之间和新旧知识之间的联系；③能够使学生清晰且有层次地消化所学内容。

（三）关注情感的教育性原则

关注学生的情感也是大学英语教学改革要遵循的一个原则。具体来说，教师在教学过程中关注学生情感要做到以下两点。

1. 努力营造良好的教学环境

营造良好教学环境的具体方法如下：①建立相互尊重、相互理解、相互信赖的新型师生关系；②营造激发学生学习动机和兴趣的轻松愉悦的学习氛围。除了兴趣，学生的动机也是影响英语教学效果的关键因素。不管是听、说、读、写等能力的培养还是英语知识的教学，如果不能激发学生的学习动机，教学就不可能产生预期的效果。而创设情境就是激发学习动机的一个重要途径，没有特定的社会情境，就没有语言的交际活动。

2. 培养学生的积极情感

情感是学习语言的动力。积极情感有利于激发学生主体的学习动力，进而在语言交际活动中发挥有效的功能，提高语言习得速度和效益；消极情感不可避免地影响着学生学习潜力的充分发挥。在大学教育中，英语被当作一门重要学科来开设。大学英语教学以培养学生学习兴趣、提高学生学习的自主性和创造性为教育使命。要想让学生摆正自身学习态度，保持对英语的学习热情，教师就需要及时发现并自觉调整学生学习的情感状态，积极主动地寻找行之有效的方法策略，帮助学生养成积极的情绪、态度和价值观。此外，教师还需要注重教学目标中情感的表达，让学生学会了解自己、树立信心，养成良好的心理素质与优良品质，为今后步入社会奠定良好的基础。

二、大学英语教学改革现状

随着国家、社会对大学英语的关注，大学英语教学取得了可喜的成绩。但是，受一些主客观因素的影响，目前我国的大学英语教学存在着许多问题和弊端。只有对这些问题和弊端有一个清晰的认识，才能逐步采取针对性措施，从而不断提高我国大学英语教学的质量。下面就对大学英语教学的现状进行分析和探讨。

（一）学生英语水平的现状

中国的学生从小学到大学，甚至到硕士、博士研究生阶段，一直都在投入大量的时间和精力学习英语。尤其是自大学英语四、六级考试首次举办以来，大学英语教学更是受到了教师和学生的高度重视。但是，部分大学生的英语水平却不容乐观，没有得到应有的改善和提高。

从现实状况来说，虽然各大高校不断改善英语教学的条件、设备，学校的有关领导、教师、学生都付出了很大努力，但是收到的效果却不尽如人意。一些学生的英语水平仍处于读写能力较强，听说能力较弱的状态，这样的英语教学与学习没有实现真正的英语教学与学习目标。

此外，对非英语专业学生而言，一些学生学习英语仅仅是为了应付四、六级考试，考试通过之后便将英语的学习扔在一边，等到毕业的时候，英语水平没有提高反而下降。很多学生虽然也获得了大学英语四、六级证书，但是在听、说、写方面的能力却有待提高。当然，其中有一些学生一直比较重视英语的学习，自步入校门开始便将大量的时间和精力投入英语学习中，但是这样的学生只注重单词、语法的记忆，最终的结果则是花费了大量的时间，但是听、说、写的能力仍旧没有得到提高，实际的学习效果和平日的努力不成正比，这一无奈的英语学习现象值得人们深思。

（二）大学英语教学现状

目前，大学英语教学中主要存在如下问题。

1. 教学模式单一

在传统的教学模式下，教师是整个课堂自始至终的主角，学生在课堂上只是扮演聆听者的角色。这种教学模式大大降低了学生的学习兴趣和学习主动性。由于教师过分重视英语基础知识的传授，而忽视了学生英语综合应用能力的提高，导致出现了"读写能力较强，听说能力较弱"等现象。虽然，近年来英语教学者也在不断努力寻找各种新型的教学模式，但在课堂上教师与学生之间的交流也仅仅是问与答的交流，没有过多的深入交流，大部分学生在英语学习过程中比较被动。

2. 教学方法不科学

随着社会的发展，社会对外语人才的需求在不断发生变革，这就使得学校培养外语人才的模式发生了变化，而教师的教学方法也随之有所改变。目前，我国大学英语教学大多采用大班授课的方式，有的课堂合班人数甚至过百。班级规模越大，密度越高，空间越小，对教学的负面影响越大。超大的班级密度使课堂生态空间环境超过了生态主体的承受力和耐受度，对教育群体的活动和效能的发挥都会产生负面影响，进而阻碍主要生态因子的健康发展。

此外，传统的"秧田式"课椅座位编排方式不可避免地生成以教师为中心的封闭空间形态，也决定了师生之间的信息沟通方式以教师向学生进行单向沟通为主，沟通的范围局限在教师与学生个体之间，而学生个体和群体之间几乎没有信息的交流和互动，久而久之，学生的自我效能感逐渐降低，情感因子失衡。此外，高校学生来自全国各地，而不同地区的教学水平又存在很大差异，因而学生的英语基础也存在很大差别，这就导致了教学出现众口难调的情况。在课堂教学中，教师很难照顾到每一位学生。即使是有条件实施小班教学的院校，大多数教师也仍旧倾向于采用传统的授课方法。单调的授课方法无法调动学生的学习积极性，也就难以有效提高教学质量。

3. 教材陈旧落后

教材是教师教授课程的重要工具。一般情况下，教师都是根据教材的编排顺序来安排课堂教学的，所以教材决定着教学方向和教学内容。然而，现在的大学英语教材注重的仍然是英语国家的语言文化内涵，选用的文本内容主要介绍西方的政治、经济、文化生活，传播西方价值观，跨文化内容缺失。在课时紧张、教学任务繁重的背景下，教师按部就班地讲授语言知识和技能，以及西方文化背景知识，忽视了对跨文化意识的培养，缺少对中西文化差异的比较和辨析。学生拘泥于教材文本内容，国际视野和"全球胸怀"难以拓宽，这与新时代我国人才培养需求严重脱节。同时，落后的教材也与学生的实际生活相差甚远，从而导致学生对英语学习缺乏兴趣，直至把英语学科逐渐荒废。由此可见，设计出满足我国学生学习需求与教师教学需求的教材，是我国大学英语教学改革的当务之急。

4. 教师素养亟待提升

作为英语教学的主导者，英语教师教学素养的高低不仅会影响教学的质量和效率，还会影响学生学习英语的积极性与主动性。随着我国教育事业的不断发展，高等院校的招生规模不断扩大，导致师资力量严重不足，现有教师面临沉重的教学任务。有些院校的研究生也承担了授课任务，临阵磨枪，教学效果堪忧。新时代我国高等外语教育"新使命、大格局，新文科、大外语"的发展思路，为大学英语教学改革和发展指明了方向。新文科建设的目标与大学英语课程新时代的定位对大学英语教师提出了新的挑战和问题。一方面，大学英语课程长久以来一直被视为公共基础课程，主要聚焦于学生英语知识和技能的获得，大多数大学英语教师的育人意识较为淡薄，缺乏主动把思政内容设计进教学过程的能动性，育人能力亟待提高。另一方面，新文科建设要求提升人才培养质量，培养具有国际视野和国际竞争力的时代新人。如何解决中国大学英语教学中普遍存在的"学用分离"弊端，扩充大学英语教师交叉学科的知识储备，也是大学英语教师共同面对的一大挑战。

5. 教育管理措施未被具体落实

从教育管理方面来看，教育部门的相关领导对英语教学的改革问题进行过多次探讨，多次指示要大力推进大学英语教学改革。这些指示为大学英语教学改革提供了一定的指导和借鉴。另外，学校内部也在积极地采取相关措施，不断推进英语教学改革。

但是，在这一改革的过程中，有些教师管得过死、教得过严、考试内容过于死板等问题仍然存在。不同的学生有着不同的学习特点和学习需求，因而现有管理体制的某些方面无法满足学生的学习要求。

6. 文化教育的重要性被忽视

从世界范围来说，高等教育正朝着国际化、多元化、合作化以及个性化的方向发展，语言不仅是文化的载体，也是文化的组成部分，因此大学英语教学不应该与文化教育分割开来，而应成为培养学生多元文化意识以及跨文化交际能力的重要载体。在我国的大学英语课程中，很多教师和学生都认为掌握了英语语音、词汇以及语法就等于掌握了英语。由于教师在教学过程中着力于语言知识的教学，忽视了英语文化背景知识的教学，从而导致学生在语言交流过程中遇到了障碍。此外，《大学英语教学指南》（2020版）明确了大学英语课程的人文性质，指出大学英语课程不仅要增进学生对中外文化的认识和理解，培养跨文化交际能力，也应注重对学生综合素养的培养，提升学生对中国文化的理解和阐释能力，为中国文化对外传播服务。

7. 信息技术能力欠缺

随着教育信息化的推进及《大学英语教学指南》（2020版）等文件的颁布，线上、线下，课内、课外相结合的混合式教学模式优势凸显，并被广泛应用在现代大学英语教学实践中。信息化、智能化时代的大学英语教学要求教师必须掌握一定的信息技术，并能熟练地将技术运用于大学英语教学中，充分运用现代科技改革教学方式，提高教学质量和效果。面对"数字原住民"的"00后"大学生，大学英语教师唯有跟上时代发展的潮流，克服各种困难，提升自己的信息素养，才能不被时代抛弃。

三、大学英语教学改革带来的新要求和新形势

英语作为国际通用型语言，其重要性不言而喻。目前我国的英语教学体系存在着种种弊端，只有对其进行改革才能有效地促进英语教学质量的提高。因此，

以下就以我国教学改革的新形势为依托，对大学英语教学改革提出一些最新要求，以期为之后的大学英语教学改革提供一定的思想理论指导。

（一）以人为本，全面发展

英语教学的首要定位就是人的教育，而大学英语教学的首要要求也应当是人本主义。教师要时刻以学生为中心，充分发挥学生的主体作用，注重学生的全面发展，使他们具备持续学习的能力，从而为终身学习打下良好的基础，因此，当代英语教学要求学校和教师要着眼于学生的全面发展。要促进学生的全面发展，仅靠帮助学生掌握英语知识是远远不够的，还需要注意培养学生的社会责任感、积极的情感、严谨的治学态度等，因为这些因素对学生的英语学习也有重要的影响。这就要求教师在英语教学中尊重学生，做到以人为本。具体来说，主要从以下几个层面着手。

1. 承认学生之间的差异性

首先教师必须承认，学生之间是存在差异的，每个学生都有其独特的个性。学生的类型不同，其学习特点也存在差异，面对这些差异，教师应该为他们提供与他们实际学习需求相符的学习指导，同时也为他们提供平等的学习机会。可见，教师在教学中应该具体问题具体分析，做到因材施教。例如，有的学生擅长口头表达，有的学生则擅长书面表达。因此，一名优秀的英语教师应该在教学中根据学生的具体类型和特点进行具体的指导。

2. 相信学生的潜在能力

教师应该坚信，每一个学生都具有极大的学习潜能，每一个学生也都有其自身独特的、丰富的内心世界。尤其是在科技与网络高度发达的今天，学生在很多方面都比以往更独立，在许多问题上的思考也非常独特。因此，教师应该多与学生沟通、交流，使学生能够将教师视为朋友。同时，教师在与学生平等相处的基础上，不断获知学生的想法，进而改进自己的教学方法，为他们提供更加充足的发展潜能的机会。这样，英语教学改革才会卓有成效。

3. 发挥学生的主体作用

学生主体是指自主地、能动地参与教学活动的学生个体。在英语教学中，教师要尽量做到为每个学生创造良好的学习环境，确保每个学生能够参与到教学活动中，让学生在教学活动中不断地培养和发展自身的自主性、能动性和创造性。

4. 营造和谐的课堂氛围

要顺利地实施情感教学，营造和谐的课堂氛围是较为关键的层面。课堂教学实际上是交际的过程，如果课堂气氛和谐，交际就会有效；如果课堂气氛不和谐，交际就会无效。从某种程度上来说，营造和谐的课堂交际氛围要比使用好的教学方法更重要。营造和谐的课堂氛围有赖于以下三个因素。

（1）提倡宽容的态度

英语对于我国学生来说毕竟是一门外语，不是母语，我们使用母语都会不可避免地犯错，因此在学习英语时犯错更是在所难免的。长期以来，教师在教学过程中过于强调语言的精确性，学生只要犯一丁点儿错误都会被教师打断并更正。久而久之，学生便产生了挫败感与畏难情绪，甚至出现了"谈英语色变"的情况，对英语学习提不起任何兴趣，那么英语课堂氛围沉闷也就可想而知了。改革背景下的大学英语教学提倡教师对学生持宽容态度，即教师应该引导学生多运用英语，不必有错必纠。此外，在英语课堂教学中，教师还需要正确处理学生的突发情况。

（2）改善师生关系

要创造和谐的课堂气氛，教师首先要热爱自己的学生，给学生创造更多平等的机会。其次，教师要坚持人本主义的思想，改变教学过程中重教师而轻学生的传统观点，对师生之间的关系进行重新审视和调整。在具体的教学过程中，教师还要为学生提供充足的学习空间，让不同类型、不同水平的学生都能够在学习过程中获得乐趣、成就感和满足感。当学生们感受到成功时，就会不断提高自己对这门功课的兴趣和积极性，这也就必然会推动教学质量的提高。

（3）注重情感交流

研究表明，教师对学生能力的信心在一定程度上直接影响着学生学习的效果。因此，在英语课堂上，教师自身应该始终处于高昂的、乐观向上的精神状态，对学生要倾注所有的热情，并用这种态度将学生的积极情感调动出来。同时，教师要对学生充满信心，多表扬与鼓励学生，提高他们学习英语的积极性与主动性。

（二）注重学生的综合运用能力

英语教学要注重培养学生运用语言的综合能力，这也是英语教学最根本的目标所在，而这种能力的形成建立在语言技能、语言知识、情感素质、学习策略以及文化意识等素质整合发展的基础上。要培养学生英语语言的综合运用能力，教师应深刻认识以下三点。

1. 语言技能

语言技能包括听、说、读、写、译五个方面的基本技能及其综合运用能力。听、读是语言的输入，侧重知识的吸收；说、写是语言的输出，侧重知识的表达；翻译既有输入也有输出。学生在交际过程中通过吸收和表达知识信息，不断地提高语言运用能力。因此，在英语教学中，教师要引导学生通过大量的听、说、读、写、译实践，提高学生综合运用英语的能力。可以说，在英语教学中，听、说、读、写、译不仅是学习英语的目的，还是学习英语的手段。

2. 必要的语言基础知识

学习必要的语言基础知识是形成能力的基础，有利于辅助英语学习。虽然我们反对英语课一直围绕语法教学进行，将英语课上成语法课，但是这并不意味着我们就不需要学习语法了。相反，学习语法基础知识是非常有必要的，这是因为语言的基础知识不仅仅是语言能力的重要组成部分，还是培养和发展语言技能的重要方面。

需要注意的是，学习必要的语言基础知识也并不意味着把学习语言基础知识作为课堂教学的唯一目的，也就是说，绝对不能把英语课当成语言知识课来上。因为语言知识学习最终的落脚点就是实际的综合运用，只有在学习语言知识的基础上，辅以适当的实践训练，才能真正提高学生的综合运用能力。

3. 语言能力与心理因素

心理因素不仅关系到人的发展，还关系到英语的学习。学生只有对英语学习抱着积极的态度，自发主动地参与，才能对英语持有无限的热情与动力，才能学好英语。因此，英语教学一定要注重学生的心理因素。

学习动机是学生学习英语的首要心理因素，而对英语学习的态度、兴趣、情绪则是促使学生产生英语学习动机的核心因素。因此，在英语教学中，教师一定要通过培养学生的学习态度、兴趣、情绪来激发学生的学习动机。

除了激发学生英语学习的动机，教师还要注重指导学生选择正确的英语学习方法与策略。学习方法就是充分发挥智慧来学习，学习策略让学生在学习过程中不断地提高学习效率，从而产生良好的学习效果。

（三）努力提高学生的认知能力

目前，英语教学正在经历由知识型教学向技能型教学转变的过程，也就是说，英语教学不仅要传授相应的语言知识，也需要提高学生的语言技能，当然还需要培养并提高学生的认知能力。下面将探讨改革背景下的大学英语教学中提高学生认知能力的意义与途径。

1. 提高学生认知能力的意义

对于大学英语教学改革中提高学生认知能力的意义，可以从以下两个关系来理解。

（1）母语与英语的关系

我们的知识大多是通过母语获得的。没有学过英语的人，一般会非常娴熟地、得心应手地使用母语，但他们对母语的认识往往是非常有限的。相反，很多学习英语的人都有过这样的体会与经验：人们在学习英语之前，往往对很多母语词汇知其然而不知其所以然，只有在学习了英语之后，他们才能形成对这些母语词汇的理性认识。

由此可见，学习英语不仅仅是一种获得知识的手段，也是一种获得新的认识方式和认识能力的途径。曾流行于苏联的自觉对比教学法，就特别强调通过母语和外语的对比来提高学生的文化素养，发展他们的智力水平。因此，我们不应该因为语言而教授语言，而应该超越语言来教授语言，将语言的教育价值在深度和广度上进行挖掘和探索，而不应该仅仅将其作为一种语言知识和技能来教授。

（2）语言与思维的关系

文化语言学认为，语言与思维是密切联系的统一整体，作为思维的物质载体的语言，它是思维得以存在和发展的媒介，语言能力的发展和思维能力的发展应当是相互促进、辩证统一的。

语言是人类文化的一种表现形式，它不但凝结了全部人类文化成果，还将各个民族的文化（如思维方式、价值观念、审美情趣等），按照一定的结构形式（如词语的概念、组合、排列等）表现出来。通过对英汉词汇语义的对比，我们可以发现，由于英汉两种语言分别产生和发展于不同的社会形态和历史背景之下，它们的词汇系统之间很少出现语义一一对应的现象。英汉词义大部分是不完全对应的，即介于完全对应与无对应之间。

学习语言不仅是学习词汇与语法，同时也是学习如何进入一种新的文化视野，经历一种新的思想观念的冲击，进而受到不同环境下民族思维方式的影响和诱导。如果英语教师能够对这一层面产生深刻的认识，才可以在教学中不断有目的、有计划、有意识地发展学生的认知能力和思维能力，使学生能够不断形成新的认知机制和感受机制。

2. 提高学生认知能力的途径

要想在英语教学中不断提高学生的认知能力，就必须选择合理的教学途径和方法。具体来说，要做到以下两点。

（1）坚持以话语为中心的教学

英语教学经历了从词本位教学（翻译法），到句本位教学（听说法），再到话语本位教学（交际法）的发展历程。

从语言与思维的关系来看，词是概念的表现形式，句子是判断的表现形式，话语是智力本质推理活动的表现形式。语言与思维应该与话语相统一。侧重翻译的词本位教学法和侧重听说的句本位教学法都脱离了一定的思维活动，采用这两种方法的教学会导致学生的机械无意识的模仿行为和重复性的活动，并且无法有效地发展学生的智力。而在话语本位教学法中，话语包含词语与语境之间的衔接、连贯等因素，被视为基本的言语交际单位，更体现出语言的整体性及连贯性。

此外，话语分析和篇章语言学的兴起，不仅为话语本位教学法提供了一定的理论基础，还为其提供了一些具体的分析方法，并且使教学活动更为科学化和系统化。因此，英语教师不仅要掌握这些理论，还要将这些理论与具体的教学实践联系起来。

（2）坚持"文道统一"原则

众所周知，语言与思想是密不可分的，语言教学应当与思想教育活动统一起来，在教学过程中兼顾语言训练与思想教育两方面的内容，这就是所谓的"文道统一"。

传统的英语教学存在一定的弊端，如注重形式、轻视内容，注重技巧、轻视智能。语言是工具，但语言教育的目的是超越工具这一范畴的，其宗旨是达到更高层次的教育目标，而坚持"文道统一"是实现这一教育目标的最好手段。具体来说，教师要做到：①提高自身的素养；②在阅读教学中，教师应该对文章的整体结构和层次有一个深入的了解和认识，然后引导学生对其中有价值的、富有文化底蕴的内容进行挖掘和探讨，使学生在语言学习的过程中能感受到真善美，人格也得以不断升华。这样的教学方式不仅提高了学生的认知能力，还提高了学生的人格修养。

（四）充分利用多媒体、网络技术

与传统的大学英语教学相比，多媒体、网络教学给学生的英语学习创造了一个完全自由、自主的学习空间，其本身存在着很多优势。

第一，计算机软件可以为学生提供地道的发音，生动形象地将知识内容呈现给学生，便于学生的理解和记忆。

第二，多媒体技术将图、文、影、像等教学资料统一地结合起来，让枯燥的文字充满色彩，这样的方式很容易激发学生的学习兴趣；并且这种方式还突破了时空的限制，学生不必再局限于课堂学习，可在任何时间、地点进行自由的学习，这在增加学生学习时间的同时，还激发了学生的学习兴趣。

第三，网络技术为学生提供了充足的、自由的空间，让学生可以通过网络进行学习，同时教师也可以通过网络给学生布置任务、评定任务。这在一定程度上减轻了教师和学生的负担，有助于培养学生的自主学习能力。

因此，在教学中教师要充分利用多媒体、网络技术，最大限度地发挥多媒体、网络技术对英语教学的作用。

（五）提升学生的文化素养

语言是文化的载体，是反映民族文化的一面镜子，语言与文化具有密不可分的关系。我们学习英语，不仅仅是学习英语这一门语言，还要学习英语背后所蕴含的丰富文化。

经济、技术、信息的交往和商品、资本、人员的流动，使世界各国的文化突破了特定地域环境和社会语境，融入全球性互动的文化网络之中。多元文化已成为文化的基本格局。在这样的时代背景下，文化素养的培养毫无疑问成为大学英语教学的重要内容。

文化教学能够提升学生的国际理解力和竞争力，帮助他们用全面的眼光和角度来认识和审视本国与他国文化，从而积极有效地推进国家间的交流与合作。同时，文化教学还能帮助学生对本国文化产生更深刻的认识，增强他们的民族自尊心与自豪感，使其在跨文化交际中把我们优秀的文化传统在国外发扬光大，为世界文化的繁荣贡献自己的力量。

（六）采用多元化的评估方式

教学目标是否实现要依靠教学评估来检验，因此评估是大学英语教学的一个重要方面。

多年以来，大学英语教学采取单一、机械、落后的评估方式，忽视了英语教师对自己的教学和学生对教师教学的评估，忽视了学生的自我评估和小组评估，过分夸大了评估的选拔作用而忽视了其反馈功能，不利于培养学生的合作精神，也不利于建立和谐的师生关系。

时代的进步对教学评估方式提出了新的要求，如测试中的客观题减少，主观题增加；终结性评估不再"独霸天下"，增加形成性评估权重等。随着人们对教学评估改革意识的增强，依赖于网络而实现的评估方式也逐渐发展起来。这些评估方式大多具有开放性、形成性和多维性特点。例如，允许学生多次考试，让他们看到自己的进步和成功，尊重每位学生的学习速度、学习阶段和自我感受，让他们为完成学习任务而学习，而不是单纯为了应付考试。

第二章 大学英语课堂生态系统的内涵与结构

本书第二章阐释大学英语课堂生态系统的内涵与结构，主要介绍了五个方面的内容，依次是作为教授活动主体的教师、作为学习活动主体的学生、作为教学资源的语言、作为教学场域的环境和英语教学生态模式各要素之间的生态关系。

第一节 作为教授活动主体的教师

教师在整个教学实践过程中发挥着教学主体作用。教师既是教学活动的组织者、实施者，又是教学活动的参与者、设计者。教师是推动教学活动开展的"动力方"，即教师需要将学生这一认识主体与教学内容这一认识对象有机联系起来。基于生态化的语言学习环境，在学生选择学习方式的过程中，教师可以给予一定的指导，让学生以生态化语言学习方式探索新知识、解决新问题。教学活动对象是学生，所以教师应将教学重点放在指导学生学习上，不但要让学生学会学习，更要让学生掌握学习方法、形成思维转向、树立正确的学习价值观。为保证指导效果，教师可以适时采用启迪或激励方法，增强学生学习语言的信心。具体指导过程包括：首先要求学生自主提出问题，其次要求学生自主选择学习方式，再次要求学生自主确立学习目标，最后要求学生对学习过程进行自主调控，直到解决问题为止。英语生态教学模式强调教师在教学过程中的重要作用，教师是否具备良好的语言知识文化观、是否拥有良好的语言教学角色意识、是否恰当运用语言教学方式，都会对生态化英语语言教学模式产生影响。

一、教师语言知识文化观的提升

语言学和语言哲学都将语言知识文化观作为重要的命题，而语言知识文化观又是构建外语教学观的基础。语言知识观通常被理解为语言观，这里的语言观，是指人们对语言本质的根本看法。因此，语言观须围绕"语言是什么"这一基本问题而展开讨论。英语教学语言观的作用或影响主要反映在三个方面。

第一，英语教学语言观会对课堂教学过程及组织产生影响，包括课堂教学大纲设计、学生课堂学习反馈、教师课堂教学组织等。英语教学语言观以语言学知识为基础，但英语教师要注意，并非所有语言学知识都会对英语课堂教学产生实际帮助，即并非所有语言学知识都能够直接用于英语课堂教学。英语教学是将教育学、语言学、心理学等多学科融合形成整体构架，各学科之间需要通过交互作用才能产生联系，进而为解决语言教学提供帮助。所以，英语教师应该将这些学科成果运用到课堂教学中，将其作为完成教学任务的基本前提。多学科形成的教学成果，包括英语学习和二语学习之间的差异、语法特征习得顺序、心理因素（态度、动机等）与二语习得水平之间的关系、英语学习与语言习得关键期之间的关系、"学习"与"习得"之间的本质区别、（语法）规则变异性等。教师需要综合运用语言学、教育学知识，将其作为外语教学的策略，改善课堂语言教学效果。

第二，英语教学语言观会对课堂教学内容选择产生影响。英语语言知识涉及范围广泛，如果教师缺乏正确的教学语言观，则会影响其英语语言知识选择范围。举例来看，英语教师如果将学习语言比作一种社会行为，那么他或她就会站在社会交际角度选择英语语言知识，即满足学生社会交往的需要。例如，在讲解情态动词时，有这样四个句子：

Can you answer the phone?

Will you answer the phone?

Could you possibly answer the phone?

Would you mind answering the phone?

（你可以帮我接电话吗？）

上述四种英语语句表达都与礼貌接听电话有关，但是教师仍需要指出这四种语句表达的区别，即接听电话的礼貌程度是依次递增的。因此，站在语用学的角度去选择语言教学材料，可以让学生更恰当地运用英语句式表达话语，提升学生的语言交际能力。

第三，英语教学语言观会对课堂教学语言性质认识产生影响。举例来看，教师向学生讲授诸如"pre-""un-""-ness"等词根知识的过程中，学生了解前缀或后缀的用法与区别，包括对构词法也有所了解，但是却对语言中的"词素"知识接触较少，甚至不知道前缀、后缀应该归属于哪种词素。而按照符号论者提出的要求，英语教师需要向学生讲授有关"词素"的知识，只有这样，学生才能准确理解和记忆词汇语法，更能系统运用语言进行交流。

历代语言学家对语言都有不同角度的论述与解释，其中影响较大的有工具论、文化论、符号论与社会论等。下面逐一进行介绍。

工具论认为，语言既是人与人之间交流感情和表达思想的工具，又是商讨工作和商议政事的沟通手段，它主张一切关于语言现象的研究必须建立在语言事实之上。因此，工具论以其鲜明的时代特征而受到人们广泛重视。

文化论则认为，文化是人类社会存在与发展的根基，任何一个人总是在特定的文化氛围里成长活动，在社会文化这个大系统中，语言是一个最重要的组成要素。因此，任何民族的语言必然会受到该民族所处特定文化背景的制约和影响。作为社会存在的文化环境，它是社会文化效应的大场域，尤其是文化传统，具有很强的辐射力与"遗传力"，它往往以内控的历史惯性运动形式出现，对社会生活中的方方面面产生作用和影响，并衍生出种种不同的社会效应。

20世纪初期，在语言学中形成的主流派系——符号论，把语言看作符号系统，认为其有着自己的结构与规律。同理，人类语言是一种用来记录人类语言行为的活动标志，这个活动标志即符号。

社会语言学家从社会论立场出发，把语言看作社会现象，认为语言是人类社会行为发展到一定阶段的产物。所以说，语言是人类生存与发展不可缺少的工具。

另外，鉴于语言观各不相同，还产生了各种语言教学之争。

工具论者主张语言教学应重视灵活性，即灵活调整语言学习方法。教师可采用交际教学法和任务型教学法，鼓励学生在互动过程中学习并掌握语言知识。

文化论者主张语言教学应以文化传承为关键，即文化教学是学习语言的基础，要将文化主线渗透于语言学习之中。在中国古代，语言教学更多地强调文化传承。由苏联心理学家提出的社会文化理论，成为语言学习的代表性流派。

符号论者主张语言是一种系统符号，即语言教学应教会学生运用语言符号、注重词汇教学，最终实现有效沟通。该流派代表以西方现代语言学家为主。

社会论者着重探讨语言教学中的社会性问题，并由此得出结论：语言教学要贴近社会现实，研究语言就是研究社会文化和社会礼仪规则，语言教学的重点在于让学生成为社会中的人才。

二、教师教学角色意识的转变

在英语教学改革日益深化的今天，对于教师也提出了更高、更严格的要求，大多数教师迎来了专业发展的空前契机，但也面临着新的考验。我国英语教学改革能否取得成功，关键在于英语教师的素质。广大英语教师需要认清由教学目标、教学方法、教学模式、教学手段和教学内容提出的新要求，将其作为更新教育理念的依据，改变以往"单向性"传授教学的模式，向更丰富多彩的教学角色过渡。同时，高校英语教师应该进一步充实自身的英语语言专业知识，把握教育教学规律，熟练运用多媒体、网络等现代化教育技术手段，提高自身教学水平，更好地开展英语教学工作，尽快与新型教学模式接轨。

新形势下，教师应改变以往在传统教学中扮演的知识传播者、灌输者角色，逐步向激发学生学习的引导者、促进者与帮助者转变。教师要进一步树立终身教育学习观念，增强对"教师角色"的认识。

英国英语教学家杰里米·哈默将外语教师角色定位为：提示者、控制者、参与者、组织者、评估者。本书认为，在英语生态教学模式下，教师扮演的是集教学领导者、学业辅导员和学习陪伴者于一身的多重角色。具体地说，教师应该综合发挥规划、开发、供给、示范、协助和评估的作用。

（一）课堂教学的规划者

要想呈现一节优秀的英语课，教师的课堂教学规划不可或缺，教师课前需要对课堂导入进行策划、安排授课和组织教学，并建立相应的课后总结评价体系。其中，尤其要对课堂导入进行策划。此外，就课堂教学活动而言，在教学活动中，教师还是策划者、实施者。教师需要认真掌握课堂教学内容，对于教学中的重点、难点，要做到心知肚明。应在研究教学内容和分析班级学生实际的基础之上，有针对性地设计教学活动。课堂教学活动能否成功，很大程度上与教师是否计划好课堂教学活动有关。

（二）课堂教学的开发者

新一轮基础教育改革鲜明地提出，要重构一个全新的基础教育课程管理框架，也就是建构包含国家、地方与学校的三级课程管理模式。它需要教师按照上级教育行政部门关于基础教育课程设置的有关规定，并结合学校、班级学生的真实水平，以实现学校培养目标为目的，开展课程设计、执行与评估等组织活动，也就是教师应该是校本课程开发者。此外，在校本课程开发的同时，教师也要改变过去迷信教材的传统观念，根据班级学生的实际情况，对教材进行开发性使用（即二次加工教材）。从这个角度来讲，教师也是教材开发者。

（三）教学活动的供给者

教师是课堂教学活动的信息供给者，同时也是信息反馈者。首先，课堂教学活动是在教师的筹划和组织下进行的，这能让学生理解课堂教学活动规律。其次，教师一定要向学生提供所需要的资料，这能让学生按照课堂教学活动要求，进行小组活动，展开讨论。当学生参加课堂教学活动后，教师要及时给学生提供反馈信息，这样可以引导学生向教师预设的教学目标发展。所以，教师也是教学活动中信息反馈的提供者。

（四）教学过程的示范者

教师是教学示范者，即教师的课堂教学示范和人格魅力示范。教师课堂教学示范，与"PPP教学模式"（presentation, practice, production, 即"展示""练习""成果"）中的"展示"（presentation）环节相一致。在课堂展示环节，教师先将语法结构或者语言知识点展示或描述出来，然后再组织学生进行实践，让学生在模仿实践中掌握新句型，并在此基础上学会正确读音，然后再让学生独立地利用与上下文相关的语言情境，学习和巩固所学的语言知识。教师人格魅力示范主要表现为教师在授课时既要向学生传达先进的学科思想内容，又要具有异乎寻常的"超凡魅力"，即引导学生塑造积极向上的世界观。超凡魅力源自极致的个人献身精神和敬业精神，以及专业精神。这种"超凡魅力型"课堂教学示范力，不是附属于什么规章制度或受教师强权压制，而是教师人格魅力独立于学生之外而激发出来的。这种魅力更多的是教师幽默的风格、渊博的知识以及博大的胸怀对学生感染而成。教师这种人格示范将对学生一生产生深远的影响。

（五）教学发展的协助者

教师是教学的协助者，体现在导师指导与教学辅助两方面。所谓导师指导，是指教师对学生自主学习、合作学习进行指导，教师不仅要指导学生学习并掌握必要的学科文化知识，还应指导学生养成正确的人生观、价值观与世界观。教师的教学辅导主要是指教师作为辅导员在课内或课外对学生学习所做的针对性指导。比如，教师对成绩优秀生所做的提高性学习指导；对于成绩比较落后的同学要适当地进行课外辅导或者兴趣指导，促进其个体性发展。

（六）教学效果的评估者

在教育测试环节，教师主要是课堂教学活动的评价者、学生学业成绩的评价者，即教师作为评估者而发挥作用。

教师作为评估者应积极建构适应素质教育需要的课程体系。对高校英语教师而言，同样需要建立合理的英语教学评价体系，针对学生参与的各项活动实施过程性评价。此外，应摒弃过于注重学科知识体系而忽略人文性、将考试作为主要评价依据的传统评价方式，切忌用考试分数评价学生，应适当降低语言知识结构、学生成绩在评价体系中的权重。在英语教学生态模式中，教师作为评估者，应该采取测试性与非测试性评价、形成性与终结性评价相结合的方式，用评估结果激发学生学习并促进学生能力发展。

三、教师教学方式的丰富

新时代的大学英语教学在传统教学方法和理念的基础上，应融入最新的教学方法和理念，如产出导向法（Production-oriented Approach, POA）和成果导向教育理念（Outcome-based Education, OBE），通过线上、线下双线融合教学，及课堂教学和第二课堂"双线"路径，传授语言文化知识和技能，传递思想政治理念，提升学生的思想政治素养，创造有温度、有深度、有高度、有态度的优质课堂，为我国高校提供创新的混合式生态化教学模式，为在新时代探索如何更好地开展大学英语金课建设提供参考。

（一）产出导向法

产出导向法是语言学家文秋芳教授为我国成人外语学习提出的一种教学理论，它的前身为"输出驱动假设"和"输出驱动—输入促成假设"。产出导向法作为一种"本土化"外语教学理论，借鉴二语习得理论成果，将"输出假说"与语言学习的社会文化视角作为理论依据，倡导以产出活动为驱动手段、以教学目标为导向、以输入活动为促成手段，即"学用一体"的教学理念。从教学目标上看，"产出导向"不仅从产出开始，激发学生学习的积极性，而且还将导向视为目标，学以致用；从教学方法上看，它强调产出活动对语言学习的影响，实现输出和输入的衔接，为提高大学英语课堂教学效率提供了一种全新的教学思路。

产出导向法的核心环节包括三个：首先是"驱动"环节，教师要设计恰当的交际场景与"有潜在的交际价值"的任务，调动学生完成任务的积极性，提高他们的学习动力；其次是"促成"环节，教师提供必要的输入材料，引导学生在选择听读材料的基础上完成加工，获得完成任务所需的语言、内容、篇章结构等信息，进而实现产出任务；最后是"评价"环节，当学生完成"产出"任务或教师布置的新"输入"任务后，教师据此进行即时评价和补救教学。

1. 教学理念

产出导向法的相关教学理念,包括"学习中心说""学用一体说""文化交流说""关键能力说"。

"学习中心说"不同于"教师是核心说"或"学生是主体说",它强调在教学中一定要"注重学习",即促进学生有效学习。在多样化的课堂教学形式中,教师应该认真选择最佳的课堂教学形式。大学英语课堂教学的时间是非常有限的,而且班级人数也是比较多的,教学活动包括听、说、读、写、译各个方面。因此,有效的课堂教学是非常重要的。

"学用一体说"旨在解决大学英语教学存在的"学用分离"问题,它倡导"边学边用、学中用、学用结合"。通常来看,传统教学重学习轻应用,学生在学习过程中接受了很多惰性知识,却不能灵活、准确地运用,不能将"学"与"用"有机结合起来,这是大学英语教学中广受讨论的问题。"学用一体说"认为所有教学活动均与实际应用密切相关,"学"和"用"是没有界限的,这样才能实现"学"和"用"的统一。

"文化交流说"强调将文化学习贯穿于语言学习之中,以语言学习实现文化交流,为目的语文化和本土文化之间架起一座沟通桥梁。

"关键能力说"着重指出,教学的目的是发展学生的关键能力。所谓学生关键能力,是指在充满不确定性的复杂情境下处理复杂问题的能力。

2. 教学设计

产出导向法的教学设计包括:输出驱动、输入促成、选择学习、以评促学。

"输出驱动"强调以产出任务为教学出发点,指导学生通过努力完成产出任务并发现自身存在的缺陷,明确产出任务对于实现自我发展的重要性,使学生更加主动地参与到输入性知识学习中去。"输出驱动"重在突破传统的由输入向输出转移的教学顺序,取而代之的是"输出驱动"教学顺序。

"输入促成"着重在"输出驱动"的基础上进行改进,进一步提高学习实效。教师通过组织学生完成产出任务,以此促进学生之间的相互学习和自我提高,实现 $1+1>2$ 的效果。

"选择学习"指的是对输入知识的选择性学习。在信息大爆炸的时代,这种学习尤为重要。只有建立在输出需要的选择性学习基础上,知识才会"焦点化",才会真正实现"输入",并最终转化为产出,否则一切知识就不可能得到真正的学习吸收。

"以评促学"的基本宗旨是健全大学英语教学评价机制，改变以往每学期固定考试评价的方式，强调"边评价边学习，边学习边评价"和"突破学与评的界限"。"评"与"学"结合，是对学习过程的反思、提升和完善。这样在强化学习动力的同时，也发展了学生的自主学习能力与思辨能力，实现了对学生关键能力真正意义上的发展。

3. 教学流程

产出导向法的教学流程由驱动、促成与评价构成，这三个教学流程相互关联，并且都注重教师的主导作用。实际应用时，教师应注意因材施教。

另外需要指出的是，产出导向法不是格式化教学方法，而是灵活的教学方法。运用该教学方法时，教师必须注重因材施教，具备较为先进的学科教学思想，坚持科学的教学流程，但不能局限于某个固定的模式，这样才能大大调动学生的学习兴趣，发展学生的思辨能力，真正让学生学有所得、学有所思、学有所用。

（二）成果导向教育理念与英语教学

20世纪80年代初，美国学者威廉·斯派蒂最早提出"成果导向教育理念"，其目的是着眼于学习成果，破解传统教育在现实中所遇到的难题，推进欧美教育改革。现在，OBE作为标准化教育组织参照方式与规范，在美国、英国、加拿大及其他欧美国家已得到广泛认可，成为主流的教育改革理念。

国内于2003年开始研究成果导向理论，利用大学改革的机会，将理论解读与课程改革作为研究重点。我国学者李志义从成果导向的教学设计遵循反向设计原则入手，介绍了反向设计的思路、策略与要点。申天恩通过分析成果导向教育的理论渊源，提出目标导向、纵向连贯、横向整合、能力检验的成果导向实务教学设计，对于成果导向理论指导教学设计和学习成果的界定、测量与评估也进行了探索和研究。

OBE教育模式面向学习产出成果，并将其作为关注焦点。OBE是一个聚焦学习产出，为了带动所有课程活动，并对学生的学习产出进行评估的结构和体系。通常情况下，学习者在学习某一课程甚至某一专业时，预期能达到的技能水准，就是产出的学习成果，即在学习过程一开始就抱着明确的学习目的，这一学习目的与产出的学习成果，又是由社会及今后实践需求所决定的。因此，成果导向教育也叫"能力导向教育""目标导向教育"或"需求导向教育"。成果导向教育建议将学习成果作为评价的依据和切入点，通过反向设计培养模式和正向推进教学过程，让学习者得到预期的和能适应今后实践需要的实质成果。

成果导向教育反向设计理念，能有效规避培养目标和社会现实相脱离这一问题。社会人才需求状况总是在动态调整中，以社会需要的人才素养与能力为切入点，反向设计学习过程，可以让学生在未来的工作岗位上如鱼得水。此外，成果导向教育模式能够针对学生的学习动机、学习方式与学习环境进行重塑。学生可以摆脱对教材内容和教师经验的被动性依赖，在学习过程之初便已明确应达到的能力目标，进而主动取得良好的学习效果。所以，以清晰的学习成果为指导，OBE模式可以强化学生的学习驱动力，促进学生形成主动学习、终身学习的意识。

　　纵观英语教育发展过程，外语类专业对内应为国家需要及区域重大战略服务，并与地方行业企业建立密切联系，充当我国当代高等教育改革与发展的开路先锋和典范样本；对外应加强国际化战略实施力度，增强外语教育全球竞争力，提高外语类专业声誉，在携手面对全球性挑战、增进人类共同福祉方面发挥作用。

　　因此，加大力度培养英语人才正日益紧迫。具体来看，培养英语人才须认清几点问题，即"应培养何种类型的英语人才""培养英语人才的路径或方案"等。成果导向教育理念为探索培养英语人才提供了新路径。

1. 培养目标

　　培养目标要体现专业特色，同时也要明确人才培养定位，体现学生毕业后五年内在社会及专业领域内的预期能力。培养目标充当培养专业人才的"设计图""路线图"。就英语专业而言，培养目标的内容涉及基本素养和专业能力、服务面向和人才定位方面。

　　从素养和能力角度来看，高等院校英语教学应满足国家对于英语类人才的需求，按照"德育为先、能力为重、全面发展"的战略思想，在对培养目标进行阐述时，指出学生要具备较好的综合素质以及人文素养，英语语言基本功应扎实，语言学、文学及相关专业知识应牢靠，在这个基础上，具备丰富的专业知识和较强的跨文化交际能力，拓宽国际视野，增强创新意识，实现全面发展。

　　从服务面向角度来看，高等院校英语教学必须立足区域、面向全国、放眼世界，满足地方和国家对经济和社会发展的需求。

　　从人才定位角度来看，高等院校英语教学须培养研究型专业英语人才和复合型英语人才，满足国家涉外事务及地区经济发展相关领域所需。

2. 毕业要求

　　依据培养目标提出的宏观框架，要形成毕业要求，就须进一步给出具体意见和学习成果。毕业要求对英语专业学生毕业时应达到的具体核心能力做了规定，这些能力包括语言技能、跨文化交际、专业知识应用以及其他方面的能力。毕业要求所列内容，就是学科及专业根据社会需求及未来发展，在学习过程开始时，对学生毕业后所能达到的层次及能力所提出的明确设想及预期目标。一切课程设置体系与教学模式，皆以实现毕业要求为己任，均应围绕毕业要求的各项能力来设计，并付诸实践。

以英语语言文学专业为例，其毕业要求应与文学方向相契合，可以用"拥有扎实的英美文学知识架构、英语文学赏析能力，能深入感知并体悟文学作品所蕴含的内在人文精神及价值"这样一个生动而具体的能力标准来表达。基于此，各毕业要求甚至可将各项指标分解细化，如英语语言文学专业中的"文学知识架构"能力要求，可进一步明确为"把握英美文学基本理论与术语、文学基本类别要素、核心创作技巧、英美文学史发展线索脉络及各时期文学特点"，这样就可以更直观、更具体、更详细地认清学生毕业时应该达到的能力要求。

3. 课程体系与目标

以培养目标宏观成果为指导，以毕业要求微观成果为依据，各专业可有条理地建立课程体系。

所谓课程体系，是指在一定的教育理念指导下，对课程门类进行设定和排列组合，从而使各课程都统一地指向专业培养目标。设置课程体系，必须符合毕业要求中的学习成果支撑功能。如在英语语言文学专业的毕业要求中，与文学相关的能力包括"拥有扎实的英美文学知识架构、英语文学赏析能力、能深入感知并体悟文学作品所蕴含的内在人文精神及价值"，其课程体系就可包括"文学导论""美国文学""英国文学""英美文学史""文学批评导论""英语诗歌""英语戏剧""英语散文"等。如果按照支撑程度划分，那么可分为高支撑度课程、中支撑度课程和低支撑度课程。

在这一支撑关系下，每门课都与一种或几种学习成果相对应，即每门课都负有实现学习成果所必需的使命与职责。对实现某种学习成果而言，所支持的课程需要相互联系，但不可以互相交叉甚至互相代替，这样才能保证学习成果完成度高且全面。改进课程设置后，课程组教师应以 OBE 理念为指导设定课程目标，并要明确课程目标对毕业要求分解指标点的支撑关系。

这里还是以描述英语语言文学专业文学能力学习成果为例，"美国文学"就是一门高支撑度的课程，其课程目标可定为：①把握美国文学的主要流派及代表作家、作品，熟悉某一文学阶段主流文学作品特征及作家艺术特色；②阅读和欣赏不同类型的美国文学著作，理解其内涵，确定主题思想并学习欣赏不同艺术形式下的审美风格。这样设定的课程目标，可以与毕业要求所阐述的各项能力相衔接，便于后续课程教学采用 OBE 教学策略和实现预期课程目标。

总之，将 OBE 理念应用于教学实践，须满足两大支撑关系：一是培养目标对毕业要求的支撑，二是毕业要求对课程体系的支撑。如果将毕业要求细化，那么就可表现为培养目标能力要求；课程体系则用于直接对学习成果构成支撑关系。课程的教学环节是一个具体实践的过程，所以 OBE 还是应从课程与教师这一微观层面出发，完成课程目标，以"正向实施"的方式取得理想的学习效果。

第二节 作为学习活动主体的学生

一、学习者具有时空流变性

时空流变性是建立在时间和空间三维特性基础之上的。通常而言，空间的三个维度是指"长度""宽度"和"高度"，事实上，时间也有三个维度，即"现在""过去"和"未来"。空间的三个维度为人们所认识与熟知，但对时间的三个维度的认识却尚未得到充分关注，原因在于我们往往用自然时间来掩盖人文时间与心理时间的光芒。我们不妨从人文角度和心理视角去观察和体会"现在""过去""未来"，从中梳理"时间维度"之间的差异和联系。

脱离时间的三个维度，时间流程、时间观念就无从谈起。以人文时间中的历史时间为例，其可分为古代（涉及远古、中古、近古）时间间隔、近代时间间隔、现代时间间隔及当代时间间隔（尽管学界对"后现代"情有独钟，但是本书认为"后现代"不是一个时间概念，它是一个价值取向的问题）。

人文社会科学不仅涉猎"过去"与"现在"的问题，而且也在讨论"未来"的问题。例如，历史学、人类学和社会学都在期待或者展望着历史、文化和社会的前景，而新兴学科"未来学"则更多的是在时间坐标上展望"未来"。就心理时间而言，"现在"经常与当下、目前、此时、此刻的观察感知活动和生成的印象等相联系；"过去"通常与记忆、回想、检讨、留恋或追思等心理状态或者心理活动的意向性对象有关；"未来"则和预测、期待、期望、企盼、展望、憧憬，甚至预知、先知等心理活动的意向性对象息息相关。

英语教学生态模式中的语言学习，其本质是学习者时空流变在头脑中的映射。

就生态语言教学观而言，如果从时空观视角分析，那么语言学习就会存在明显的时间流变性。例如，当前的外语学习模式一定是对过往母语学习模式的照搬与转换，与此同时，过往形成的语言学习思维和经验必然会成为个体化的学习图式，从而对未来的语言学习思维和经验产生一定影响。由此可知，未来心智结构的投射能力一定是由已有的经验与能力所决定的。因此，语言学习分维模式是前有的各种规模水平的现象和事件的复制与投射。

此外，语言学习也显示出空间的流变性。有学者分别对"莫里由日本赴美国留学、移居美国、居住22年后返回日本但不能适应日本语言思维方式""澳大利亚留学生在法国留学多年，返回澳大利亚却不能容忍他和别的澳大利亚学生那样'闯进'教师办公室"进行个案跟踪研究，由此得出"语言学习具有时间和空间上的流变性"这一结论。基于此，生态语言教学理论融合了语言多维时空流变性的观点，认为语言学习既是学生发展的社会文化环境流变所致，又是学生对自己母语学习体验的重现与转化。换言之，语言习得就是学习者在语言学习时间与空间上多维立体流变过程的产物。

二、学习者语言学习历程的影响力

学习者语言学习历程会影响学习者的外语学习程度，这点在外国语语言学领域知名专家姚小平的外语学习历程中就能得到印证。姚小平担任北京外国语大学外国语言研究所研究员，是博士生导师，曾经担任《外语教学与研究》双月刊主编，以及《当代语言学》《语言研究》《语言科学》《外语学刊》杂志的编委。姚小平精通多门外国语言，有英语、法语、西班牙语、俄语、日语、德语、古希腊语和拉丁语。他最先接触学习的外国语言是英语，并有着较长的学习历程。可以说，英语是姚小平的固定"籍贯"语种，这也让他成为英语专业的研究生导师。姚小平曾翻译多本西学著作，但是这些西学著作是从德文直接翻译过来的，非常考验翻译功底，学界中有不少人士也就认为他主修的是德语专业。有一点可以确认，在姚小平攻读研究生时期，他主修的外语就是德语。而在大学期间，他主修的外语是俄语，获得了俄罗斯语言文学专业毕业证书和学士学位。姚小平广泛接触并学习多门外国语言，这让他拥有了对学习世界语言的心得和体会，语言成为他认识世界和了解世界的工具，他也因此成为语言学界的知名专家学者。

我国英语课程基础教育改革明确规定，从小学三年级起开设英语课程，各学校英语教师可积极采用任务型教学模式，指导学生以感知、体验、实践、参与和合作等方式，完成既定任务或目标。学习者需要调整学习策略和学习情感，构建利于提升语言实际运用能力的评价体系，具体包括形成性评价和终结性评价。英语教学过程中，教师可以运用形成性评价，以促进学生语言实际运用能力为目标，逐步调动学生的学习心理。在期中或期末，教师可以运用终结性评价，重点对学生综合语言技能和实际运用能力进行测评。课程资源开发与运用能力，是评价课程教师教学能力的重要指标，英语课程教师应该积极挖掘符合学生实际需求的课程资源，不断丰富和拓宽英语课程资源内容，鼓励学生主动从互联网音视频或图书中搜寻学习资源，拓宽英语课程学习渠道。

第三节 作为教学资源的语言

一、英语语言与汉语语言的对比

（一）汉语重心多在后面，英语重心一般在前面

关于语句内涵的逻辑思维，汉语的表达一般是先假设后推论、先原因后结果、先事实后结论，也就是通常语句的后一部分为重心，而英语表达则恰好相反，往往先是判断和结论等，再是假设和事实等，也就是通常语句的前一部分为重心。因此，很多中国学生进行听力练习的时候，很难找到重心，他们是按照汉语表达的习惯来听的，将英语句子的后一部分作为关键，但是其实英语表达的关键已经被忽略了。

（二）汉语习惯于补充说明，英语倾向于使用省略表达

由于中西方文化差异，英语国家的人经常使用省略表达；同时英语表达中有着大量的省略类型，既包括名词和动词的省略，还包括情境省略、句法省略等。对于并列结构的语句表达，英语也往往倾向于将之前表达中已提到的或对话者都知道所指事物的词语进行省略。但是，汉语倾向于将这些英语中会省略的词进行重复，且通过补充说明等进行强调。这种差异也给学生的翻译带来了较大困难，汉语往往要对相应成分进行补充。

（三）汉语更倾向于使用短句，英语习惯于使用长句

汉语语言意蕴丰富，有着强大的延伸力和穿透力，通常能够用字词句将含义直接表达出来，各种意蕴也能够在短句中得到充分的表达。汉语表达往往短句较多，而英语则是更多地使用长句进行表达。中国学生在阅读英文资料的时候最难

的就是对长句的理解,中国人不管是在说话还是在书写的时候都更倾向于使用短句进行多种意思的表达,英语国家的人更倾向于借助句法结构将全部意思组织成一个长句进行表达。因此,语法分析非常重要。

(四)汉语重语义,英语重结构

汉语表达往往句子结构比较简单,只要理解了语义,句子间的关系就很清楚了,英语表达则更加重视句子结构。汉语表达更加侧重于语义的表达,句子结构十分自由;英语表达完全依赖于语法结构,如果语法结构不对,就不能表达出语义。所以,外国人在汉语学习过程中往往感到自己即使学会了很多汉字,能够组织很多句子,但是仍然掌握不好汉语,难以较好地理解他人的意思或者表达出自己的意思,很难利用汉语和他人顺畅交流。

(五)汉语一般都使用主动句,英语更多使用被动表达

汉语更习惯用主动句,即使有被动句,往往也是通过"由"等词表示被动关系。相比之下,英语中有着大量的被动表达,很多时候都会使用被动语态,尤其是科技英语表达中有着大量的被动语态。汉语的许多被动表达通常传达出一种贬义。所以,在学习英语的时候,要将英语的被动句翻译为汉语中的主动句。如下为常用被动句型的汉译:It is imagined that... 人们认为⋯⋯;It must be pointed out that... 必须指出⋯⋯;It will be seen from this that... 由此可知⋯⋯;It must be admitted that... 必须承认⋯⋯;It can not be denied that... 不可否认⋯⋯;It should be realized that... 必须认识到⋯⋯

上述被动句都是英语表达中十分常见的,在科技英语中也大量出现。因此,学习英语必须要对常用的被动句型做到熟练使用,在理解和翻译时,也要将这些被动表达转化为汉语中的主动表达。

(六)汉语使用分句频率较高,英语则常用从句

汉语表达更习惯使用短句,其句子内部和句子之间的结构也较为松散,但是也能够严谨地将意义表达出来;英语表达更习惯使用长句,其中有着较多的修饰语和很多从句,因而英语长句看上去十分复杂,但是从句引导词能够体现出句子之间的逻辑关系,再复杂的句子也能够借助语法将意义完整地表达出来。所以,在一般的英语教学中语法分析一直是重要的教学内容,要先学语法再学课文。由此,本书认为语法学习在英语教学中是十分必要的,也是符合我国教学实际的,对汉语和英语的这种差异性给予了重视。

（七）汉语重复表达较多，英语却习惯于变化表达方式

汉语无须对表达方式进行变换，英语中的大部分变化表达在汉语中只要重复表达即可；相反，有时候汉语中会特意使用重叠表达或排比句以获得特殊的表达效果。英语中会对重复表达进行避免，对于同一意义会变换表达方式。例如，前面用过了"I think"，后面再用就会较为乏味，而要用"I believe"或"I imagine"之类的表达。

（八）汉语更倾向于使用名词，英语则使用很多代词

因为汉语中多短句，且句子间结构较为松散，所以汉语多用名词以更清晰地表达语义。英语则多使用代词，除了多种人称代词之外，还有 that、which 之类的关系代词。尤其在复杂的英语长句中，会有较多的代词，以便能够清楚地表达语义，使句子结构正确，以及避免重复表达。

（九）汉语注重推理，英语重视引申

有两句英语俗话：一是"You know a word by the company it keeps."（要知义如何，关键看词组及搭配）；二是"Words do not have meaning, but people have meaning for them."（词本无义，义随人生）。其反映出英语单词尽管有着固定的词义，但是可以随具体的语境传达出差异化的词义。所以，英语表达侧重于引申，汉语表达侧重于推理。

（十）汉语表达具体直观，英语表达则抽象生涩

为了对汉语的直观表达和英语的抽象生涩进行对比，可以看一下如下表达：
lack of perseverance 三天打鱼，两天晒网
feed on fancies 画饼充饥
far-sightedness 远见卓识
make a little contribution 添砖加瓦
perfect harmony 水乳交融
disintegration 土崩瓦解
ardent loyalty 赤胆忠心
on the verge of destruction 危在旦夕
total exhaustion 筋疲力尽
careful consideration 深思熟虑
with great eagerness 如饥似渴

经过上述表达的对比可以看出，英语表达较为抽象，汉语表达较为具体，通过阅读汉语文字，人们的脑海中会出现很形象的画面，其蕴含着丰富的意蕴。汉语这种直观、形象的表达特征，能够使人有广阔的想象空间。

英语、汉语来自不同语系，在词汇、句子表达、语体风格、节奏特点等各方面都存在差异。所以，进行英语学习的时候，要尤为关注两种语言之间的相同点和不同点，采用比较学习的方法，提高英语学习的效率。

二、文化视域下的语言文化教学观

语言和文化是相互交融的。语言是文化的特殊组成部分，文化是语言活动所处的大环境，文化蕴藏于语言当中。人们进行交际的过程，是语言中的文化要素以及交际者的文化意识相互影响和作用的体现，这就是交流。如果原本的文化环境换成了陌生的文化环境，或者文化因素所在的语言系统改变，这种相互影响和作用也就停止了，此时仅仅凭借语言自身是难以实现交流的。语言也是文化的载体，脱离了语言，文化也就无法传播、交流、发展和延续。语言学习必然包含着文化的学习，语言教学必然包含着文化的传播。因为中国传统文化和西方文化之间存在差异和冲突，中国学生在进行英语学习的过程中，往往也会存在语言文化冲突，所以本书认为，我国的英语教学就是在中华文化视野下进行的异域语言文化学习。

（一）中国传统文化对教学理论的影响

中国传统文化是在中华民族的长期社会生活和生产发展中积淀而成的，对中华民族的民族心理和民族性格有着充分的体现，在过去和现在都有着深刻的影响。教育教学也是一种文化传播，学校就是一个文化主体，所以，学校的教育教学必然会受到我国传统文化的影响。这种影响是十分显著而长远的，尤其在教学理论方面，虽然当代教学论处于不断变革更新之中，其理论、模式等都有着很大的变化，但是在很长一段时间里都受到了传统文化的深刻影响，主要体现为以下几方面。

1. 教学价值取向：功利主义倾向

中国传统文化重视人伦纲常，重视道德，这和封建统治是相契合的。统治者出于统治需要，采用了文化控制和思想控制的方式，后实行科举制进行官员选拔，以满足封建统治需求。科举制在发展之中对体例格式等的要求越发僵化，对人们的思想禁锢越来越大，为了跻身统治阶级，读书人将"四书五经"奉为圭臬，基于科举制的要求进行学习。教学的主要价值追求就是出仕为官,学习目的就是参加科举,以便走上仕途,教学的内容、要求等完全根据科举制来制定,"学成文武艺,货与帝王家",教学和功名利禄相互交融。这对我国近现代教学的价值取向有着深刻影响。

如今一些学校将"升学率"作为目标以及教学质量的主要评价标准,教学存在显著的功利主义倾向,将考试作为唯一的评价方式,围绕着考试来落实教学计划和大纲要求。一些学校和教师教学的目的就在于提升学生成绩和升学率,实现预期的指标;部分学生学习的目的就在于通过升学考试,进入更好的学校,获得更好的学历以及更好的工作,获取知识反而成为次要的。这种强烈的功利主义倾向使得教学脱离了其本质,忽视了学生的和谐发展和全面发展。

2. 教学目的:满足社会对人才的需要

中国古代教学的唯一目的就是满足社会对人才的需要,所有的教学活动都是对统治阶级需要的人才进行培养。因此,在对读书人的培养中将德行放在了首位。孔子的教育目的就在于将"士"培养成有道德、有理想和有治国才干的"君子",也就是说儒家培养的人不仅要有高尚的品德,还要有治理国家的才能,其中德是最主要的。荀子也提出,要施行礼仪教育,使"圣人明知之,士君子安行之,官人以为守,百姓以成俗",其礼仪教育的目的最终还是要培养"积文学、正身行、能属于礼义"的"贤能之士",为实现其"礼治"服务。换句话说,教学的目的不是使人本身的个性得到发扬,而是用社会中的"礼"对人的思想行为进行改造从而改变其天性,这能够使统治更加长久。

近现代的教育在较长一段时期内,同样将满足社会对人才的需要作为主要目的,按照社会需要进行人才培养,没有充分重视到教学在促进学生个性发展和身心和谐发展方面的作用。

3. 师生关系:教师权威

中国传统文化重视三纲五常,这种伦理将教师奉为绝对权威,强调尊师重道和师道尊严。尊师的传统可以追溯到荀子。他主张性恶论,将教育作为引导人抑制恶的本性、获得高尚道德的主要途径,即"化性而起伪";"礼"能够对人的思想行为进行矫正,教师就是"礼"的示范者和传授者,"有师法者,人之大宝也;无师法者,人之大殃也"。荀子将教师放置于与"天""地""君""祖"同列的地位,认为"天""地"是生物之本,"先祖"是族类之本,"君""师"是治人之本。所以将教师作为教学中的权威,学生要做到完全服从和尊敬,也就是"师云亦云"。这种思想流传下来,也使得教师在中国古代的师生关系中是不可置疑、不可违背的权威者。南宋俞文豹主张,"师者固与天地君亲并立而为五"。这句话充分体现了在中国古代教师的地位和重要性,也反映出师生关系就和君臣关系一样,是不平等的。这种教师权威和师生之间的不平等对我国的教育有着重要影响。

在今天,教师权威依旧在教学中产生作用。部分教师犹如课堂中的统治者,学生只需要接受教师传授的知识,其学习的内容、方法、目标、进度等完全由教师所控制,进而师生之间形成了不平等的支配和被支配关系。

4. 教学方法:以"讲授法"为主

尽管中国古代没有体系性的、系统性的教学理论,但是有着丰富的教学方法。孔子主张启发式教学,强调"因材施教""举一反三",将"学"和"思"并列。孔子作为中国古代最伟大的教育家、儒家学派的创始人,其教育思想对于中国教育有着深刻影响,至今仍在发挥作用。但因为封建统治和科举制的影响,社会思想文化越发保守,与统治思想相悖的思想文化都被打压,"讲授法"成为最主要的教学方法,多数教学都是注入式而非启发式的,这也与我国古代强调师道尊严、重视集体主义、忽视个性的传统文化有着直接联系。讲授法将教师放在了中心位置,是一对多的教学,能够节省时间,较为高效,在教学中也有一定的作用。但是"讲授法"的负面影响也非常显著,过分强调教师传授,而将学生放置于被动地位,将学生当成知识容器,枯燥地背诵和答题,无法构建良好的教学氛围。

(二)英美文化特性

1. 英国人的文化性格

英国的理性主义思想主流在于实践的或者经验的理性主义,培根则是这一主流的先驱。培根强调实用,强调全部都要从现世人类的幸福生活视角出发。洛克也十分推崇经验,这对于科学的发展有着深远的影响。

和经验主义一样,自由主义和功利主义在英国思想史上也有着较大的影响力,功利主义在19世纪的英国是主导思想,并且19世纪三四十年代自由主义较为兴盛,自由党成立后基于自由主义原则进行了大刀阔斧的改革。其实,自由主义和功利主义的联系十分密切。功利主义主张道德和立法的根本在于功利原则,基于此展开对现实社会的评价以及改造。作为其代表人物,边沁的功利原则被人们认为是自由主义政治哲学发展中的革命。边沁的功利主义理论包括效果主义、功利原则与最大化原则，而后约翰·弥尔发展了功利主义，并将其和自由主义完全融为一体。

相比其他国家，英国在科学领域更加强调实用和类比。对于科学，人们更多的是借助感觉，而非借助单纯的抽象思维去分析和研究。英国人面对没有被经验证明的事物往往是冷漠和谨慎的，这与美国的冒险精神恰恰相反。

经历了长时间的社会变革，英国人才形成了现代思维方式，并且非常重视经验。其理性主义和宗教的迷信有很大的区别，和德国的抽象理性主义也有着很大的区别。英国人在处理事务的时候，会对其开展切实的、客观的、科学的观察和分析，这种思维方式和行为模式，是英国民族所珍视的精神财富。

2. 美国的文化精神

美国著名历史学家大卫·麦卡洛所著的《美国精神》一书，对于美国人的思想精神进行了深刻的论述，其特征可以概括为如下几方面：其一在于重视精确和实际。美国人有着很强的数量观念，对于问题的描述和处理都会应用到数字，通过数字展示问题的解决结果等。其二在于乐观主义。美国人有着强烈的乐观主义精神，相信自己未来会获得成功，相信人类有着无限的发展可能。其三在于实用主义。美国人对于理论和抽象较为反感，他们主张工具主义，对于任何事物、情感等都有着实用角度上的价值判断。这也实际反映了美国的民族性格。

实用主义承认自己对近代经验主义传统进行了继承，同时力图对其在形而上进行超越。其反对二元论，将形成科学的认识论和方法论作为哲学的主要任务，认为哲学和科学研究的对象是在人的现实生活和经验能达到的范围内的，提出从确定信念出发，通过采取行动这一手段，来获取效果。实用主义学说的主要内容如下。

伦理观以效果论行为。实用主义是对"pragmatism"的翻译，这一英文词汇的根源可以追溯到希腊文"pragma"，指的是行动、行为。其伦理观不同于传统，最先看的是最后的事物、收获和效果等，而不是最开始的事物、原则、假设等。也就是说，实用主义就是逆向的，根据结果看问题，并非一般正向的根据原本的概念、范畴等对问题进行思考和分析，其所重视的是行为的结果。这种不同于以往的思维，使得思想和行为更加自由。

实用主义真理观将有用作为标准。杜威曾经说过："如果观念、意义、概念、学说和体系，对于一定环境中的主动的改造，或对于某种特殊的困苦和纷扰的排除确实是一种工具般的东西，它们的效能和价值就会系于这个工作的成功与否。

如果它们成功了，它们就是可靠、有效、好的、真的。"很明显，杜威没有对客观真理进行提前的假设，反而根据效果、价值、功用等对真理进行评价，对以往的真理神圣不可侵犯的观念进行了颠覆，使人们的认识和思想摆脱束缚。

除上述特征之外，个人主义也是美国精神的重要特征。它是美国文化模式中最基本的特性，也是其最主要的内容，对美国思想进行了最雄辩、实在、真正的表述。它是彻底由美国的土壤培育出的，与18世纪的欧洲思想有着根本上的区别。可以说个人主义是一个新的表述，是从一种新的思想中形成的。个人主义和利己主义有着极大差异。个人主义扎根于民主，民主程度越高，人与人之间越平等，个人主义也就越广泛。其归根结底就是在对他人的价值体系没有妨碍的情况下对自己认为有益的东西进行追求。这就是美国精神的精髓所在。

3. 中国文化视野下进行的异域文化融合

中西方的传统文化都带有独特的鲜明个性，这就意味着在英语教学中要渗透文化教学，在文化教学中必然会涉及语言，这体现了语言和文化之间的联系。一些人认为语言是文化的一部分，文化既有物质财富，又有精神财富，语言属于后者，所以是文化的一部分；一些人认为语言是文化的载体，是一种特殊的文化现象。例如，"羊"在中英文中有着不同的文化含义，英文的"sheep"表示"害羞的人""胆小鬼"，甚至被认为是"愚钝的人"，相关的英文俗语有 a black sheep（害群之马）、a lost sheep（误入歧途的人）；英文的"goat"表示"替罪羊""蠢人"，其俗语有 play the giddy goat（当傻瓜，干傻事），这些都含有一定的贬义色彩。但是汉语中的"羊"往往是中性的或者褒义的。"羊"是一种生肖，带有吉祥的意味，如经典的儿童动画片人物"喜羊羊"就是善良、聪明的。中国古代文化也有很多"羊"的图案纹理，这些都反映出了中国传统文化中"羊"的正面形象。

人类语言的诞生和发展同文化是密不可分的。中国英语教学就是要在中国文化环境中教授一种异域语言文化，不仅要对语言本身进行教学，也要对其相关的文化进行教学，并使两者相互融合。

首先，语言和文化相互结合。进行语言教学时要选择能够渗透文化教学的内容，进行文化教学的时候不能超出语言教学的框架，以语言教学为主，以文化教学为辅。例如，在进行"对赞扬作出适当反应"的英语语言教学的时候，可以对中西方文化差异进行展示。英语多用 thank you（very much）、thanks（a lot）、thank you for your help、it's very kind of you 等语句回复他人的称赞，这是因为英美文化中称赞是很普遍的，甚至是必需的，对于称赞英美国家的人都会很自然地接受；而中国传统文化强调谦虚，对于他人的称赞往往谦虚回应。所以在英语教学中要注意语言和文化的相互结合，通过词汇讲述其文化内涵，通过词源讲述历史故事，通过短文讲述文化现象或内涵。

其次，语言的文化因素与文化的语言因素相结合。传统的英语教学主要是传授语言知识和培养语言应用技能。20世纪80年代，我国引入了交际教学大纲，用于教学中，逐渐重视语言能力的培养，理论上将交际能力的培养定为教学的重点。20世纪90年代至今，文化也成为英语教学的内容，英语教学进入了新的境界。《全日制义务教育英语课程标准》表示，为增强学生的跨文化交际能力，可以在英语教材中增加外国文化内容作为语言教学材料，或者是在教学中编写有特色的外国文化内容；也可以增加英语相关的文化课程，对英语国家的历史、风俗等文化内容进行介绍。合适的英语教材不仅能够提高学生的学习兴趣，还能够唤醒学生的文化意识。

三、语言知识与语言技能的融会贯通

语言能力中包括语言知识和语言技能，两者是彼此影响和促进的。其中前者是后者的基础，培养英语的听、说、读、写、译等语言技能离不开英语语言知识学习这个基础，同时英语语言知识学习作为语言能力的一部分，也是语言学习的一个目标。所以，一定程度上说，英语学习的重点就在于掌握语言知识，以及养成语言技能。这也是为什么我国英语教学十分强调听、说、读、写、译等技能，而且教学的内容主要是各种语言知识。只有对语言知识进行充分的理解，对其使用进行充分的掌握，才能够有效提升语言技能。需要注意的是英语教学不仅要对知识理论等进行教学，还要切实开展听、说、读、写、译的实践训练，以及提高听、说、读、写、译的教学质量。在对学生的听、说、读、写、译等实践能力进行提升的过程中，也要重视对语言知识的教学。对语言知识的教学不能停留在积累和储备上，而要深入实践应用当中，并通过实践应用加深对语言知识的理解和掌握。所以，本书主张必须将语言知识和语言技能有机结合，才能提升教学效果，这也是英语教学的合理定位。在这种有机结合的过程中，不仅要始终贯彻落实英语教学的实践性原则，对当前存在的过分强调语法和词汇等知识传授的教学现象进行纠正，也要对死记硬背、机械模仿的学习方式进行纠正，构建和运用语言知识教学和技能训练相结合的、开放的、互动的教学模式。

第四节　作为教学场域的环境

　　语言学习环境指的是本来客观存在的，或者专门为语言学习者提供乃至创设的，有利于语言学习者进行语言学习的教学场域。人所具备的语言运用能力其实是在其所处的语言学习环境中多种因素的综合作用下形成和发展的。良好的语言学习环境能够调动人的学习兴趣，使之更有动力，进而使人能够以更加积极自主的态度发挥能动作用。相反，不好的语言学习环境会对人的学习造成负面影响，甚至学不会说话。就像狼孩，在学习语言的关键阶段没有人类语言学习环境，最终不能学会人类的语言。这正反映出了语言学习环境在语言学习中的重要性，甚至可以说语言环境孕育了语言。

　　教育界一直对语言教学环境较为关注，就环境对语言学习的影响也较为关注，但是关于其概念的定义以及分类有多种观点。国外研究者从政策和文化角度出发，将其分类为教学过程、教学评估、教学大纲和语言政策。若立足于社会文化理论，英语的教学核心就应该在于学生的社会文化和个体的不同，最终目的应落在跨文化交际上。关于英语语言教学环境的分类，我国教育学研究者主要是立足于宏观、中观和微观的角度，将其划分成外部环境和内部环境，前者指的是对学生的英语语言教学产生影响或局限的所有外界因素，后者指的是在英语语言教学中发生作用的来自学生认知心理的所有因素；也有教育学研究者将之划分成英语教学的性质、英语教育政策、英语教师素质、英语课时设置和教学硬件设施等。本书基于对不同学者关于英语语言教学环境各类观点的分析，从语言学习的社会文化环境、学校语言生态环境和课堂语言生态环境三个层面，来分析英语教学生态模式的环境实现条件。

　　常有此类情况，一些外国人到中国生活仅仅一两年，甚至几个月，就能够用汉语进行日常交流；但是我国学生从小学到大学，英语学了十余年，却还有很多学生仍不具备较好的英语交流能力。其实，两者的情况互换，也会如此，如果这些外国人只在自己的国家上每周几节的汉语课，就算学十余年，也未必能够掌握较好的汉语能力。一个4岁的英国儿童从出生就生活在英语环境中，从会说话开始就每天进行英语语言训练，口中说的、耳中听的、眼前看的无不是英语。他这4年所做的语言训练时间用小时来计算，便是我国的成年学生所不及的、所不能拥有的。对于我国大四英语专业的学生而言，其英语训练时间从小学到大学约为 8000 小时，这相比 4 岁的英国儿童的英语训练时间有着巨大差距。充分的、良好的语言环境下的语言训练就不再是艰巨的、乏味的，而是成为无意识的生活日常。

此外，读、写、听、说等不同英语语言能力的培养，所需要的语言环境是有差异的。我国学生的英语学习是在汉语语言环境中进行的，英语仅为多个课程之一，所拥有的教学时间难以满足听、说训练的要求。相比之下，读的训练所要求的语言环境能够轻易地实现。我们的学生通过英语材料进行阅读训练的时候，这种阅读的语言环境和外国是大致一样的。所以，英语阅读能力的训练是汉语环境中进行得较好的一项。无论主观愿望如何，在我国的英语教育背景下，大部分学生能够拥有的，仍仅为有助于培养英语阅读能力的语言环境。尽管各个高校都已经在推进多媒体教学和网络化教学，但学生对于英语课程的重视程度不够，没有充分的英语语言学习环境，这些都对其他专业学生的英语学习造成了阻碍。构建充分的良好的英语语言环境，既能够促进学生对各项英语技能的培养，更能够促进学生形成英语思维方式，激发他们的英语学习热情。

一、社会文化生态环境与语言教学

（一）语言与社会

对于社会而言，语言是一种内在属性，因此社会文化生态环境自然会对语言能力有所影响。语言是人类交际的工具，是一种社会现象。语言和社会之间联系密切，这种联系主要体现在以下几个方面。

1. 语言是社会的产物

语言是社会的产物，是伴随社会的形成而形成的。人类在存在之始，就必须和自然做斗争，从而获取生产资料。在这一过程中，为了能够对自然界进行支配和改造，人们逐渐联合组成集体，在集体中共同生产、生活以及互帮互助。在这种集体出现后自然需要一定的媒介进行信息的传递和交换，从而对共同行动进行协调。因此，语言这种交际工具就诞生了。也就是说语言的出现就是为了满足人类社会交际的需要。

2. 语言是社会约定俗成的

语言是由音、形、义组合而成的一种符号系统。其中，音和义的结合存在一定的任意性，也就是说语言是为同一语言社团内的人们约定俗成的。例如，汉语中的"苹果"，在英语中是"apple"；汉语中的"狗"，在英语中是"dog"。所以，形式和意义之间不存在必然联系，语言是社会约定俗成的。

3.语言随着社会的发展而变化

语言的发展、变化是伴随着社会的发展、变化的，并且联系紧密。社会结构、制度的更新，社会生产和科技的进步、商业的发展以及教育的发展等因素，都会导致语言发生相应的变化。这种变化主要体现在语言的交际功能和语言的结构系统两个方面。前者的变化包括语言的方言分化和增多、语域的形成与扩大等；后者的变化包括旧的语言事实的消亡和新的语言事实的出现，以及部分语言事实的改变等，尤其在词汇方面有着显著变化。例如，随着社会的持续进步，英语中的knight（骑士）、foe（敌人）、coach（四轮大马车）等如今已经很少使用，而出现了很多新的词汇，诸如generation gap（代沟）、supermarket（超级市场）等。

语言学所侧重的是对语言本身的研究，例如语言的语音、语义、结构、历史、发展乃至演化等，也就是说研究对象是索绪尔所说的"语言"，而不是"言语"。美国的语言学领域，无论是20世纪60年代以前的结构主义语言学对"语言结构"的研究，还是20世纪60年代以后的乔姆斯基对"语言能力"的研究，基本上都忽视了语言的社会环境和社会制约。这一情况在20世纪60年代初开始有了一些变化，研究的重心由结构慢慢变为功能，由孤立的语言形式变为社会环境中使用的语言形式，这也促使社会语言学的出现。

（二）语言教学与社会文化生态环境

英语学习社会环境不仅是指学生所处的国际大环境、社区环境和家庭环境，也是指国家政治、经济、文化及教育政策等现实环境。在英语教学中，社会环境有着独特而重要的导向性。也可以说，社会环境对英语教学的产生和发展有着直接的制约和影响。如今，英语学习越来越受重视，英语是基础教育中的主学科，也是大学教育中的热门专业。这就是受到了当今社会环境的影响。当今社会对于英语人才和其他外语人才有着较大的需求和较高的要求。如今，各国的人们都越发重视外语教学，深刻认识到外语能力在个人未来发展和生活中的作用。正是这种认识使得很多人具有强大的外语学习动机，也促进了我国英语教学的发展。除此之外，我国教育部门也在不断提升对外语教学的重视程度。随着英语教学的改革不断深化，其教材编写体系、教学设备和教学条件都在持续优化，进而促进了英语教学环境的改善，推动了英语教学发展。

我国的英语教学环境是国际语言教学环境的一部分，所以各国的语言教学也能够在一定程度上促进我国英语教学的发展。20世纪以来越来越多的国家在中小学教育中增加了英语学科，正是因为各国都认识到随着经济的全球化，各国之间的联系将会越发密切，要在经济全球化大势下掌握主动权就必须掌握世界通用语，即英语。

"二战"之后，各个国家都将重心放在国家建设上，国际合作逐渐增多，美国采取积极的经济政策实现了科技和经济的飞速崛起，成了国际舞台上的关键角色。为了发展自身的经济和科技，各国都不能忽视英语学习。并且，联合国教科文组织持续大力发展国际理解教育，主张教育要突出国际视角，主张教育要使人民意识到各民族和国家间存在着世界性相互依存关系且这种关系在不断强化，人们应当积极参与到社会、国家、全球问题的处理当中。

不少城市已经相继组建了很多英语俱乐部等组织，有效地实现了学生课外英语语用环境的扩大和改善。这些英语俱乐部等组织，使学生能够获得更多练习英语的机会，使学生能够加入自主学习的学习社区。此外，一些研究任务型教学的学者还提出，亚洲国家的外语学生，可以对计算机媒体交互环境和网络学习空间进行充分利用。

总而言之，我国英语教学的特点和所处的独特社会环境，主要体现在以下几个方面：首先，和英语国家相比，中国的英语语用环境较差，学生很少有使用英语进行交际的场合。实际生活中，只有在玩英语游戏、看英语影视剧的时候会接触英语，而且这些英语往往有着中文字幕。除此之外，多数人毕业后很少会用到英语，所以我国缺乏促进英语教学的社会环境。其次，我国的英语教学是为政治、经济和改革开放而服务的，学生多数使用英语的场合为介绍我国产品以及开展国际对话。所以我国英语教学要重视的是英语综合使用能力，而非过分强调词汇、语法等。再次，我国地域辽阔，有着明显的地区差异，英语学习情况较为复杂。同时，英语教师的水平也有一定的差距，部分地区的英语教师自身也不具有较好的英语能力。最后，我国的传统文化、社会环境、教育方式等都在影响着学生。学生有着差异化、个性化的学习动机、态度、方式、策略等，这些方面的特性通常是难以改变的。

二、英语教学与课堂生态环境

在我国的英语教学当中，学生接触和操练语言的主要场域就是学校的课堂生态环境。和英语教学之间有着最直接联系的是课堂小环境，其对于学生的英语学习效果和人才培养模式有着直接的决定作用。如今大部分学生就是在课堂生态环境中完成英语学习的，这也是由于社区环境对于英语教学的促进仍未充分展现出来。课堂生态环境对于英语教学的效果有着直接影响。随着教育改革的不断深化，教师需要采取任务型教学模式，通过英语对课堂教学进行组织。当然，这并不意味着英语教学中完全不能使用汉语。我国学习英语课程的大学生基本上都是汉语母语者，所以在英语的任务型教学中，对于教师而言非常困难的一点就在于要怎样实现合理控制自己和学生使用汉语的情况。任务型语言教学专家虽然不反对学生适当使用母语，但他们认为外语课堂中适当使用母语，有利于学生更好的理解任务，但是过多的使用母语很难发挥任务设计提升外语交际能力的作用。国外学者指出，伴随着任务型教学的深入，学生过多使用母语的可能就越大。

我国应当重视课堂生态环境在英语教学中的影响，在课堂中以英语为主要语言，适当使用母语进行辅助讲解，将课堂生态环境构建为充分的语言教学环境，为学生的英语学习提供帮助。在英语的课堂教学过程中，以英语为主要语言，有助于为学生创造较多的语言输入机会，使学生的眼中、口中、耳中都是英语，促进学生英语思维的发展。由此，即使当前我国英语教学的社区语言环境不够充分，学生也能够在课堂语言输入中更多地接触到英语，使得"学得"过程中拥有较多的"习得"环境因素。除此之外，在英语的课堂教学过程中营造强烈的英语语言气氛，有助于提升学生学习和使用英语的兴趣和能动性，使学生自主、自觉、自发地使用英语，进而形成在英语课堂中进行英语交际的习惯，充分发挥学生在教学过程中的主体性，使其在英语教学中更为活跃。

在英语课堂教学过程中大量使用英语来进行讲学，还有助于利用英语这个语言媒介，更加有效地将外语教学系统中的学习主体（学生）、学习客体（英语）及英语语言学习环境三个要素有机地串联成一个整体。在课堂教学中，英语不仅是最终学习目标，更是中间媒介，师生尽可能多地使用英语来讲解、发言，能够创造一定的基本语言环境，使得英语的学习和使用过程相统一，使得英语教学的内容和形式充分结合，实现良好的教学效果。其中体现了交际教学法的重要理念——用语言本身学习语言，即交流过程中，借助对固有语言信息的激活和对语言系统自身发展的刺激来获得语言。

三、我国英语教学语言生态环境的拓展

在我国，英语学习越来越成为一股潮流，越来越多的人乐于学习英语，出现了各种英语能力的资格考试。但是，就在英语学习者不断地进行备考和考试的过程中，其本初学习英语的兴趣和热情却在逐渐退却，英语学习不再是为了兴趣而学，而是为考试而学，这也导致英语学习变得很痛苦，且费时低效。这种情况也

被教育部门和社会所关注。我国有不少高校学生将半数以上的时间投入英语学习中，但仍旧不具备较好的英语听说能力，出现了明显的高分低能现象。

对于如今英语教学中存在的投入和产出之间存在较大差距的问题，本书主张创建良好的语言生态环境是一个行之有效的解决措施，也就是为学生创造自然、真实的语言环境，引导学生借助多种多样的英语学习资源进行英语语用训练，锻炼和提升自己的英语综合应用能力，在语言和社会文化的交融中实现高效的英语学习。语言学习必须在一定的环境下进行，如果没有充分的语言环境，必然会导致语言输入量的缺乏，导致英语学习难以顺利进行，以及学习效果大打折扣。英语学习者应当借助英语原文书、英语影视节目、英语社交网站以及与英语母语者对话等方法，为自己创建良好的英语学习环境，多途径地丰富自身的外语知识，增强自身的自主学习能力，对我国现实存在的英语语言教学环境的不充分进行弥补。具体方法如下。

第一，观看英语的影视节目。在经济全球化的大背景下，美国电影一直是世界电影领域的领军者，我们能够毫不费力地找到和观看英语的原声电影和电视节目，从而进入一个"真实"的语言环境。语言承载着文化，在观看这些电影的时候，既能够练习听力，学习英语，还能够对语言中的文化以及两者的关系进行学习。因此，看电影就成了一个兼具娱乐消遣和提高综合运用英语能力、丰富英语语言文化知识的学习英语的过程。另外，坚持看英语电影也能达到提高听力水平的效果，因为电视、电影图像中的视觉支持，使听力理解变得更为容易。在具备了基本的听音能力之后，通过坚持听英语广播、看英文电影或者参加英语讲座，可以有效地提高英语听力水平。有效的听音过程包括复杂的学习活动，因此学习者除了注意模仿电影节目中的语音和语调之外，还应该学习和记忆听音材料中出现的新的语言知识，特别注意区分正式口语、日常口语及书面语的不同表达法，否则会给学习带来负面作用。

第二，阅读英语原版书刊。通过大量阅读材料，可以为学习者提供生动有趣、丰富多彩的语言输入。阅读对学习者的提升不仅仅停留在提高语言水平的层面上，还可以拓宽人的视野、丰富人文理念、满足智力追求。阅读原汁原味的英语报刊文章及语言优美的英文读物，可以让读者体会英语语言的节奏感；学习者通过品味这些读物的精准用词，可以提高英语语感和整体英文水平。阅读英语原版书刊，可以在一定程度上，弥补我国英语语言学习真实材料缺失的问题，同时也能为学生学习英语营建良好的学习环境。

第三，利用网络畅游英语世界。我国语境下的英语学生应该充分利用计算机媒体交互环境和网络学习空间。网络改变了现代人的生活方式，足不出户便可环游世界。因此通过网络资源，英语学习者不仅可以搜索到英美国家政治、经济、文化、科技和体育等各方面的最新英语文字资料，还可以收听到优美动人的欧美流行乐曲，甚至聆听到世界首脑名人的英文演讲片段。网络上强烈的图像、文字和音响效果，可以更好地激发英语学习者的求知欲望，使英语学习成为需要和乐趣。计算机媒体交互环境不仅可以为学生提供真实的语言交互空间，而且也便于教师收集学生通过计算机媒体交互环境中产出的语料。

第四，与外国人"亲密"接触，提高实战运用能力。随着我国加入世界贸易组织和我国教育国际化进程的加快，我国各级各类学校中外教的数量在不断增加，外国留学生的数量也与日俱增，一部分学生有机会与外教接触。如何认识外国人在英语学习中的重要性？如何与外国人沟通呢？许多成功英语学习者的经验是，学语言的关键是模仿，和外国人接触多了，对他们的语音语调，还有一些特殊用法，以及反映英语文化特点的一些幽默，就自然而然地会了。如果有机会，一定要和外国人"亲密"接触，如与外教一起逛街、吃饭、看原声电影，无意中就能学会不少地道的英语，并了解他们的文化。另外，我国很多城市都先后成立英语口语角和英语俱乐部，这样就可以拓展我国学生英语教学课后语言练习的语用环境。

第五节　英语教学生态模式各要素之间的生态关系

英语教学生态模式中的学习者居于整个模式的中心，这充分体现了"以学习者为中心"这一理念。在这个英语教学生态模式中，学习者与教师、英语语言乃至语言学习环境均发生着互动反推作用，教师的教学直接影响学生的学习，学生的语言学习对教师具有反推作用，即教师自己在教学过程中也是一个学习者。学习者与环境的互动作用，主要体现在学习者的语言习得时空流变的同时，学习者会主动建构有利于语言学习的真实自然的语言学习环境。学习者与英语语言看似主体与对象的关系，但在英语教学生态模式中，学习者与英语语言均被看作英语教学生态模式的有机组成部分之一。学习者在主动学习语言的同时，英语语言文化对学习者又有潜移默化的感染力。

教师和英语语言的双向互动关系主要体现为教师在把握语言的同时，英语语言观又直接影响教师英语教学方法的选用和教学内容的选取。对于英语教学生态模式中环境因素对教师的反推作用，这里没有过多论述，深层缘由是本书主要关注的英语语言学生语言习得发生的生成机制，而在英语教学生态模式中，教师与环境的关系主要被理解为教师为学生的语言学习提供和创设真实自然的英语语言学习环境，以促使学生更好地学习。

当然，作为整体性的英语教学生态模式，并非仅仅局限于教师、学生、语言、环境这四个生态要素，英语课程教材、教学媒体技术及其他相关要素在英语生态教学过程中依然具有举足轻重的作用，对于学生英语学习具有至关重要的作用。笔者在构建英语教学生态模式时，主要吸收借鉴了国内生态课堂的构成"四因素"学说，故没有对其他生态要素进行详细评述。本书没有论及的相关因素并非不重要，因此在实际的英语教学中，对其他相关因素也应该加以适当关注，只是因为模式构建中不能事无巨细地将所有相关信息都融入其中。因此，本模式构建时只能在前人构建的相对合理的"四因素"框架范围内进行。

第三章 基于教育生态化的大学英语课堂教学实践

本书第三章围绕基于教育生态化的大学英语课堂教学实践，分别介绍了四个方面的内容，依次是大学英语课堂生态教学实践环节、大学英语知识教学与实践、大学英语技能教学与实践、大学英语语言文化融合教学与实践。

第一节 大学英语课堂生态教学实践环节

随着教育体制改革的不断深入，素质教育理念得到教育界专家学者的一致认同，素质教育计划从中小学一直延伸到高等教育，越来越多的高校意识到素质教育对于学生健康成长成才的重要意义，开始贯彻和实施高等素质教育理念。以高校英语为例，传统英语教学目标是向学生传授语言知识，素质教育理念下的英语教学目标则转变为注重培养学生的语言交际能力。课堂作为实施素质教育的主要渠道，直接影响着教学效果。生态教育理念的核心和宗旨是促进学习者在信息生态中得到全面发展。在高等院校的整个生态教学系统中，教学过程其实就是教师与学生之间借助教学手段和内容等进行平等对话的过程。素质教育计划的实施对于英语教师课堂教学提出了更高的要求，一方面要注重系统观、生态观，将课堂教学与自然社会有机地结合起来，尊重学生的主体地位，注重体验，避免传统教学模式下课堂教学与社会需要脱节的现象；另一方面要促进课堂生态的改善，以教学过程为载体，教师要转变观念，尊重学生的个体差异性，营造生动活泼的课堂氛围，建设良好的生态环境，激发学生的内在驱动力，使他们积极主动地参与到课堂教学中，改变传统教学中以教师为中心的人才培养方式。

一、教师课堂生态意识的形成

树立生态的课堂意识，需要学校始终坚持以人为本的理念，教师要将学生的全面发展作为教学的出发点和落脚点，转变传统的教学理念，将课堂作为培养学生能力、陶冶学生情操的主阵地。课堂教学肩负着开发学生潜能、推动学生持续健康发展的责任。教师要树立终身学习的理念，不断学习教育前沿研究成果，汲取先进的教育思想，并将之运用到教学实际中，营造民主开放的教学环境，借助项目教学、小组讨论等教学形式，激发学生的学习兴趣，提高他们的自主学习能力。新课程提出了三维教学目标，即在课堂教学中要让学生掌握知识与技能；强调学习过程的体验和习得学习方法；通过课堂教学提升学生的情感态度，引导学生树立正确的价值观。教师只有树立生态的课堂意识，才能在实践中达到新课程提出的三维教学目标。

（一）民主

生态观认为，虽然每个物体在生态系统中都有着特定位置，发挥着各自不同的作用，但是站在整个生态系统持续发展的高度，系统内部的所有物体都是不可替代的，起着不容忽视的作用，任何一个物体的缺乏都会对整个系统的发展产生不利影响，即所有的物体都是同样重要的，它们的地位也都是平等的。民主教育就是尊重每一位学生、以包容的心态平等地对待所有学生、以激发学生的创造力为宗旨的教育。充满爱心、重视法治、追求自由是民主教育的典型特征。在课堂生态系统中，教师和学生的人格是平等的。陶行知有句名言："你的教鞭下有瓦特，你的冷眼里有牛顿，你的讥笑中有爱迪生。"教师树立了平等、民主的教学观念后，学生才会获得发言权，才会获得主动发展、自主发展的权利，才会有智慧的火花闪现。

（二）开放

开放性是生态系统的重要特性，也是生态课堂的重要指标。一个生态的课堂必然是一个动态开放的课堂，不仅课堂教学的时间、空间是开放的，教学内容和结果也具有开放性，更重要的是，学生思维是开放的，积极主动参与教学过程。课堂的开放有形式上的开放和实质上的开放之分。实质上的开放是学生思维的开放，是学生创新能力的开放。

（三）体验

在生态系统中，体验是物种最重要的生活方式。蜘蛛织网的过程、捕虫的过程都是体验的过程。同样，体验也是学生最好的学习方式。有格言说，我听过了，我忘记了；我看过了，我记住了；我做过了，我领会了；我思考了，我超越了。

体验和效率是成正比的，一些大学英语教师为了让学生少走弯路、提高效率，往往给学生灌输更多知识，结果却适得其反。在课堂教学中，对于能力、情感、态度、价值观的养成尤其要重视学生体验的过程，教师不能用说教代替学生的体验过程。

二、学生参与实施环节

下面以《新视野大学英语读写教程3》第四单元 A 课文 "The Surprising Purpose of Travel"（令人惊奇的旅行目的）为例，阐释如何通过科学有效的教学活动设计，促进学生积极参与到生态课堂的建构中来。

在驱动环节，教师展示课前学生在"U 校园"平台提交的产出任务初稿（Write an essay to promote and recommend a red tourist attraction with convincing reasons "推介一个红色旅游景区，阐明推荐理由"），点评学生作出尝试中的两点不足：一是学生在文章主体部分阐述原因时，将主要原因和次要原因逐一罗列，缺乏逻辑性和必要的支撑依据；二是学生论证时引出因果关系的语言单一，句式缺乏灵活性和多样性。

在促成环节，教师首先分享井冈山坝上村红色景区简介视频，并以教材为例，分析对主要原因展开论述的方法，为学生搭建脚手架，帮助学生掌握英文写作中原因分析的正确方法及论述主要原因的方式；然后，结合课文中提到的中西方餐桌文化差异，选取并播放电影《喜福会》片段，辨析电影所反映的中美餐桌文化差异，使学生了解中美餐桌文化差异，及其所反映出的中西方人不同的性格特征和思维方式。在掌握写作技巧后，引导学生学以致用，分析井冈山红色景区值得青年学生一游的原因，并完成课堂段落写作任务，选取学生做口头展示，师生共同评价。为了帮助学生丰富因果关系论证语言，解决上述第二个写作不足之处，教师借用学生耳熟能详的古诗《所见》诗句的英文表达，设计古诗猜谜、因果连接词替换等活动，并在线上补充因果论证常用表达词句，提高学生的表达能力，同时也引导学生思考中英文因果式表达差异，提升学生的思辨能力，促成教学目标的实现。此外，布置作业时，教师要引导学生发挥专业特长，探索红色旅游文化创新发展路径，并形成报告，在线上班级群分享。由此可见，生态课堂流淌着人文性，目的是促进学生成长。"教育即生活""教育即生长""教育即经验的改造"是杜威教育理论中的三个核心思想。杜威提出"教育即生长"的根本目的在于，将学习者从被动的、压抑的状态下解放出来。学习者的生长是内部生理心理条件与外部社会条件相互作用的结果。生长是一个持续不断的社会化过程，是机体与环境相互作用的过程和结果，尊重其身心发展特点是使学习者获得充分生长的重要条件。现代教育理念认为，教学是教师和学生双向互动的过程，品德高尚的教师对于学生正确价值观的塑造和形成有着积极意义。教师将自己对于教学的热爱之情和奉献精神投射在教学中，学生才能以心契心，领悟到教师的真情实感，他们的情操才能受到陶冶，思想才能得以升华。教育的宗旨就是促进学生的全面发展，而师生间的有效沟通与交流，则是推动学生能力全方位提升的有效途径。每个学生都是一个灵动的、鲜活的生命体，他们有着独特的天赋，蕴含着极大的能量，他们的智慧犹如深埋在地下的煤层，平时无法窥见，但是只要细心地观察，耐心地挖掘，采用恰当的方式就能点燃他们心中的火花，进而释放出巨大能量。

  教师运用有效的教学方法使学生参与到学习活动之中。科学管理在教学活动中的具体应用，是指学校教育管理部门和管理者根据一定的教育方针、教学计划、教学大纲的要求，运用现代教育管理理论、方法和原则，通过一定的管理手段来科学地组织、指挥、调控和协调各种资源，使教学活动达到既定的目的。对教学规律、特点和过程等进行理论抽象或概括，是揭示教学管理的本质属性，实现教与学互动的模式。学生生命的成长是有规律的，这与英语生态课堂所遵循的教学理念是一致的。值得关注的是，在开展学生参与实施的英语生态课堂建设过程中，应注重以下几方面。

  第一，在英语生态课堂的构建中更新传统的教学管理观念，使学生在教育管理工作者的指导下，参与学习和掌握技能。

  第二，开辟多种信息沟通渠道，加强师生的沟通联系，建立起学生、教师共同参与的互动模式，推动课堂教学活动的顺利实施。

  第三，在实施过程中具体分析教学和管理中存在的问题，找出问题的症结，并根据存在的问题及时调整部分课程设置，既要及时了解学生对课程计划安排的合理性意见，又要使教学管理部门掌握教师教学效果，以利于教学内容的改进和教学水平的提高。

  第四，突破教学管理模式，改革"追、仿、搬"的误区，建立适应区域经济发展特点、具有学校特色的"参与式"教学管理模式，使教学管理真正实现为教学服务、为学生成才服务。

  第五，总结学生互动过程中的不足与问题，汇总相关经验，实现学分制下高等学校教育管理和教学改革的新突破。

三、课中反馈评价环节

（一）环节设置和内容要求

教学实践表明，有效的反馈评价方法对于激发学生的学习兴趣、提高教学质量有着重要意义。其中应用范围最广的反馈评价方法有课堂观察法、激励法、情感感染法、目标指引法、语言表达法、目光注视法、趣味激发法、课堂提问法、停顿呼吸法、练习巩固法、暗示法等。这些方法的应用有着如下优势：首先，它有助于提升教师教学的积极性，通过这些方法，教师不断反思自己在教学过程中的不足之处并及时进行改进。其次，有助于建立健全学校教学研究机制，发挥学校教科研一体研训平台的作用。虽然各学校对于教学研究工作给予了高度重视，纷纷建立了教科研一体研训平台，但是受多种因素的影响，研训平台并未发挥显著作用。通过这些方法，学校教务处作为提升研训平台的责任主体，须明确其在教学中的定位，并且选拔德才兼备的教师为双周课例研讨课的人员，结合本校的实际情况确定研讨课内容和研修主题，将反馈评价的方法渗透在课例中。

课堂教学是教师和学生共同参与的双边活动，衡量教师教学效果的标准之一就是学生学习的结果。根据反馈原理，课堂是一个完整的教学过程，包含两方面的内容：一是学习者吸收信息并输出信息，二是通过反馈与评估，了解这些信息是否正确。课堂教学反馈评价是多向信息交流的过程，不仅包括教师和学生之间的交流，而且包括学生与学生之间的交流。有关研究表明，课堂教学反馈评价有助于优化教学过程，实现教与学的和谐统一。课堂教学反馈评价作为教学活动中的重要组成部分，贯穿于教学的全过程。教学质量的提升有赖于及时进行反馈和评价，这是因为只有运用科学合理的反馈评价方法，才能实时把握学生的学习状况，当学生在学习过程中遇到困难时，才能及时予以帮助。

"反馈"指的是课堂教学中双向或多向信息交流，主要包含以下内容：首先，教师要以包容、开放的心态对待每一位学生，了解学生的兴趣爱好、能力特长等方面的信息；其次，学生要认真学习，了解教师传授的知识；最后，每一个学生都是独立的个体，具有差异性，当他们在生活和学习中遇到问题时，可以向其他学生求助，传递互助信息。教师在了解学生学习信息后，结合自身的教学情况，对于学生普遍反映的问题进行反思，及时作出调整。

"评价"是指教师在了解学生学习信息的基础上作出相应调整，即发现学生学习过程中遇到难以解决的问题时，及时予以指导；发现学生对于知识的理解存在偏差时，进行矫正；发现学生对某些难点问题理解得不够深刻时，进行必要的补习。这是对学生的学习效果作出的具有激励作用的评定。

"有效"是指教师在教学目标的指引下，结合学生的实际情况，运用科学合理的教学策略，花费尽可能少的时间和精力，取得尽可能好的教学效果。学生在学习的过程中感觉到了学习的乐趣，愿意学习并习得相应的知识和技能，反映了教师与学生的双重价值。

环节设置和内容要求如下。

第一，课始反馈评价环节。教师对上节课的内容进行复习，检测学生对旧知识的掌握情况，对于学生的认知准备做到心中有数，通过提问等方式引起学生对新知识的兴趣。

第二，课中反馈评价环节。这一环节包含两方面内容，一是通过课前预习，让学生提前了解本节课的教学内容，了解学生是否知道哪些内容是重点，哪些是难点，以及重点知识和难点知识的掌握情况，不同学生采用的学习方式是大不相同的，教师要关注不同学生的学习方式；二是对捕捉的课堂随机生成的资源进行反馈调控。课中的反馈评价环节对教师提出了更高要求，教师只有经过长时间的教学实践，不断反思教学中的不足，才能具有驾驭课堂的能力，才能使课中反馈评价环节得以落实。

第三，课末反馈评价环节，该环节是对本堂课教学内容的总结与反思，侧重于了解学生的知识掌握情况。

不管是课始反馈评价环节，还是课中反馈评价环节，抑或是课末反馈评价环节，都是围绕教学内容而展开的，需要教师以所教学科为立足点，深入钻研，结合班级学生的实际情况，采取针对性的措施。

教师在课堂教学中要始终尊重学生的主体地位，从学生的学习需求出发，了解学生的学习信息，尊重学生，以促进学生的全面发展为宗旨，适时地进行反馈评价，根据学生的反映及时地调控教学过程，激起学生的学习兴趣，启发学生深度思考，使他们乐于学习。课堂反馈评价不仅对教师的教学能力提出了挑战，有助于提升教师的创新实践能力，而且也是提升教学质量、推动学校持续健康发展的有效举措。

（二）反馈评价过程

1.捕捉课堂反馈评价信息，生成教学资源

课堂教学是以教师为主导、学生为主体的教学活动，不管是教育者还是被教育者都是具有独立个性的人。人是一个个鲜活的个体，有着开放的思维，他们的兴趣爱好、能力特长各有差异，这就是说，在根据预设教研进行课堂教学时经常会发生"意外"。随着教育改革的不断深入，教师已然充分认识到客观存在的课程资源在教学过程中的重要作用，通过各种方式开发课程资源并将之运用到实际教学中，然而，目前教学过程中普遍存在着教师对非预期性的生成性课程资源关注不够的现象，有的教师虽然意识到生成性课程资源对于提升教学质量有着重要意义，但是缺乏应对经验，导致非预期的生成性课程资源难以得到有效利用。课堂教学质量的提升包含多方面的因素，教师在教学设计时不仅要认真分析学生的年龄特点和认知结构，深入挖掘教材内涵，进行全方位的预设，更重要的是要运用科学合理的教学策略，及时捕捉有利于促进学生学习能力进一步提升的课程资源，使课堂教学效果得到显著提升。

（1）在师生问答中捕捉反馈评价信息，生成教学资源

提问是课堂教学中必不可少的环节，师生间的相互问答不仅有助于增进师生间的情感交流，还是信息反馈的有效方式。通过适当的提问，教师可以知道学生是否理解了教师教授的知识，以及理解是否深刻、明晰，也能知道自己在教学中有哪些是成功之处，哪些是不足之处，对成功之处进行发扬，通过学习其他教师的成功经验以弥补教学中的短板。教师通常在进行教学设计时会预设学生可能会提出的问题，但是由于认知方面的差异，教师预设的问题有时会与学生实际学习中遇到的问题有一定差距，从而出现"答非所问"现象。为了优化教学效果，避免"冷场"，教师在预设问题时需要综合考虑学生的心理特点和认知体系，站在学生的角度思考问题，增强问题的针对性，将"问答"捕捉到的信息转化为提升学生思维的资源，提高学生的专注力，使他们积极参与到教学活动中。

（2）在观察中获得反馈评价信息，生成教学资源

人们的内心世界是神秘的，但并非不可知的，经验丰富的教师往往能从学生的眼神和面部表情中获得有关信息。因此，教师在传授知识的过程中，不能一味地灌输知识，而是要结合学生的实际情况，采取符合他们成长规律和认知规律的传授方法，同时在教学过程中还要善于察言观色，观察学生的一举一动，从他们

的动作、神态中了解他们的学习状态，分析他们是否理解所教授的知识。如果发现学生脸上出现困惑的表情时，教师要放缓节奏，调整教学内容。教师要平等地对待每一位学生，了解他们不同的学习需要，将"观察"中获得的信息转化为开启学生智慧的课程资源，激发学生学习的内生动力，提升他们的综合素质。

（3）在讨论中捕捉反馈评价信息，生成教学资源

教学实践证明，课堂讨论有助于增强师生间的情感，有助于增进学生之间的沟通，同时课堂讨论也是教师获得反馈信息的重要手段。不同的教学内容适宜不同的教学方式，对于容易混淆的概念以及教学中的难点，教师可采取质疑问难的方式与学生展开互动讨论。虽然师生互动讨论在教学中得到了广泛应用，但是教学效果并不理想，究其原因是教师并未将学生放在平等的地位，学生的思维受到限制，教学质量大打折扣。为了解决这一问题，在讨论时，教师要尊重学生，承认学生的独特性，以普通的身份参与交流，这样学生就可以畅所欲言，思维更加活跃，逻辑清晰地表达他们对于某些问题的看法和态度，之前全班共同讨论时隐藏的信息也可以在此时展现出来。教师可以根据这些信息及时对课堂教学进行调整。如针对个别隐藏的问题，教师可以当场为学生答疑解惑；针对全班学生普遍反映的问题，可以开展全班讨论以得出解决方案，通过全班讨论，教师可以捕捉到更多有价值的反馈信息。不同学生的学习能力和认知水平是大不相同的，教师在设置讨论问题时，要综合考虑全体学生的认知水平，以学生经过思考就能将其解决为宜。有关研究表明，难度适宜的问题有助于提高大脑接收信息的程度。如果教师提出的问题难度过大，学生经过思考还是确定不了思维方向，学习中等和学习一般的学生就会丧失挑战的信心，只有部分成绩优异的学生参加讨论，使得大部分学生失去了锻炼机会；如果问题过于简单，就无法引发学生深度思考，也就无法得到信息反馈。

2. 充分利用反馈评价信息，了解学生的不同需求

反馈评价作为教学过程中的重要组成部分，起着不可估量的作用，教学活动的顺利开展离不开反馈评价这个环节的支持。教学过程由诸多要素组成，包括教师和学生之间的互动质量以及教学效能，这两个要素的发展直接取决于教师对反馈信息处理的精细程度，即教师对反馈信息处理的精细程度越高，教师和学生之间的互动质量越高，教学效能也就越高；反之，如果教师没有意识到反馈信息的重要意义，而是简单粗暴地处理反馈信息，那教师和学生之间的互动质量以及教学效能就会较低。古人云："教然后知困，知困然后能自强也。"教师将自己在

教学过程中捕捉到的反馈信息进行认真分析，发现教学过程中的不足之处，对原先的课堂教学设计进行调整，有着如下作用：首先，它是对自身教学高层次的思考；其次，它是对教师教学能力的挑战，为了迎接这项挑战，教师需要不断学习先进的教学思想，加强专业知识学习，提高自身的教学技能；再次，它是提高教学质量的重要保证。

3. 科学设置课堂反馈期，提高教学效率

课堂反馈作为课堂教学的重要手段，对于优化课堂教学效果有着积极意义。教师在教学过程中应该始终意识到课堂反馈的重要性，将之贯穿于教学过程的始终。课堂反馈的表现形式并不是固定不变的，而是根据课堂不同时期的要求有着不同的表现形式，同时，不同学科中课堂反馈的运用节点也是有很大差异的。因此教师在应用课堂反馈时，要综合考虑学科的特点，科学设置课堂反馈期，提高课堂教学效率。

第一，按照课堂教学时间划分，课堂反馈可分为课前反馈期、课中反馈期和课末反馈期。以英语学科为例，教师要从英语学科的特点出发，设置不同的反馈内容。例如，在课前反馈期，教师应侧重于了解学生课前的预习情况和对上堂课所学知识的掌握情况，通过归纳上堂课所学知识点，了解学生的认知情况；通过课前提问，了解学生的预习情况，激发学生对新知识的好奇心和求知欲，以精神饱满的状态进入新知识的学习。在课中反馈期，除了课前预设的内容之外，教师应对学生的学习状态、学习动机等相关信息进行及时捕捉，结合学生的需求及时进行调整。在课末反馈期，强调学生对整节课所学知识的了解，检验本堂课是否达到了教学目标。

第二，按照课堂教学环节划分，课堂反馈可分为复习导入准备期、整体学习感悟期、总结巩固拓展期。仍以英语学科为例，不同教学内容的反馈环节是大不相同的。如复习导入准备期是整堂课的准备阶段，为整堂课的学习做铺垫。整体学习感悟期是学生对新授知识的认知期，这一阶段是向学生传授新知识，并在引导学生掌握教学内容的过程中观察学生的反应，从而获得反馈信息。这一时期是反馈的互动期，包括三种表现形式：一是教师通过向学生提出问题，从学生的回答、讨论、表情等接收反馈信息；二是学生通过教师导读、追问以及小结等接收反馈信息；三是学生之间通过竞赛、补充等了解他人的长处及自身的不足，互相接收反馈信息。三者相互联系，相互影响，教师通过学生的反馈信息，及时调整教学节奏和教学内容，学生通过教师的讲解对于知识有了更深层次的理解，学生间的信息交流，使得学生对于学习内容感悟得更透彻。总结巩固拓展期是对课堂教学的一个总结，以满足学生深入学习知识的需求。

4.正确运用课堂延时反馈评价，巩固教学效果

（1）课后作业的设计和评价

作业作为教学过程中的重要组成部分，在课程实施的过程中也起着不可替代的作用。从学生成长的角度出发，作业是对课堂学习内容的巩固和运用，通过作业，学生能够对课堂教学中习得的重点和难点知识，有着更加深刻的理解，并将之灵活地运用到现实生活中以解决实际问题。教学实践证明，作业对于课堂教学中三维目标的落实有着积极意义，通过作业，课堂中学生掌握的知识和技能进一步得到巩固和强化，发现问题、解决问题的能力得到大幅度提高。从教师发展的角度来说，作业是检测和反馈课堂教学效果的手段。通过作业，教师能够知道教学过程中存在哪些问题，并且能够进行针对性的改进，进而促进教师专业技能的提升。

（2）阶段性评价与反馈

所谓阶段性评价是指对一个阶段教学所采取的评价，目的在于了解学生的学习情况和教学效果，以期使教师及时了解学生对知识和技能的掌握情况，接受明确的反馈信息，从而提高教学效果。阶段性评价包括三方面的内容：一是每周学习小结活动，二是单元学习反馈，三是学期评价与反馈。通过这三个环节可以有效检测学生是否掌握了相应的知识和技能，教学目标是否得以实现。

第一个环节是开展每周学习小结活动。"每周学习小结"以一周为反馈的时间段，以全体学生为反馈对象，主要探究学生在每周内的学习情况，了解学生是否掌握了本周的学习内容，学习目标是否实现，学习过程中是否遇到了问题，学习方法是否有待改进。教师通过撰写每周学习小结，及时发现学生在学习中的困难，以便适时调整教学策略，优化教学效果。

第二个环节是开展单元学习反馈。单元学习反馈以一个单元的学习为反馈的时间段，不同于每周学习小结活动以全体学生为反馈对象，单元学习反馈的对象是学习成绩一般、自主学习能力稍差的学生，在每个单元学习结束后，教师通过单元测验等形式，了解学生对本单元知识和技能的掌握情况，并对单元学习进行评价、反馈。主要内容包括班级全体学生是否掌握了本单元的知识、学生的技能是否娴熟，以及教师的辅导策略是否得当等。通过单元学习反馈，教师可以全方位地了解学生学习中的不足之处，并以此为依据，针对不同层次的学生开展分层辅导。学生家长通过单元学习与评价，可以对自己孩子的学习情况有更加清晰的

认识，避免家长过度焦虑，使家长对于孩子未来的发展方向有科学的判断，拉近学校与家长的距离，增强家长的自信心，凝聚家校合力。

第三个环节是学期评价与反馈。学期评价与反馈以一个学期为反馈的时间段，让教师了解到学生本学期对知识和技能的掌握情况，并对成绩进步的学生予以表扬，使学生从中获得成就感。学期评价与反馈可以让家长从整体上了解孩子的学习情况，例如，学生在哪些方面取得了进步，哪些方面还有不足之处需要持续改进，同时让家长对教师的教学工作给予评价与反馈。教师在和家长的沟通交流中，可以知道哪些教学方法是有效的，哪些教学方法需要改进，家长也可以习得家庭辅导的方法，提高家庭辅导效率，促进学生的全面可持续发展。

四、课后反思环节

从生态学的角度审视课堂，课堂教学活动并不是单调的教与学活动，课堂是由一个个鲜活的个体和环境组成的。课堂教学活动中的每一个个体和群体都在其中通过交流、互动，达到目标，共同成长。

（一）要力避"花盆效应"

"花盆效应"也可被称为局部环境效应。花盆是一个半人工半自然的小环境，为了能够让植物茁壮成长，人们精心地照料着花盆中的植物，让其不再遭受风吹雨打。这些花盆中的植物对生态因子的适应值，随着时间的增长逐渐下降，不像长在悬崖峭壁石缝中的黄山松和严寒中依然生机勃勃的梅花那样有顽强的生命力。课堂生态教学要力避"花盆效应"，表明了教师不应将学生当作花盆中的花草那样进行灌输式教育，而是应结合英语教学的特点，培养他们独立自主地学习与思考的能力。

（二）要重视"鲇鱼效应"

鱼类中存在着一种被生物学家称为"鲇鱼效应"的现象。以前，挪威人出海捕捉沙丁鱼，回到港口时，鱼往往都死掉了。聪明的渔民想出了一个办法，就是在鱼舱里放几条鲇鱼，由于鲇鱼生性好动而四处乱游，沙丁鱼见到这几个"异己分子"便紧张骚动起来，快速游动，增加了机体活力，沙丁鱼的死亡率因此降低。这种现象就是"鲇鱼效应"。"鲇鱼效应"说明，如果一种生物置身于松散拖沓、过于安逸的环境中，就会丧失斗志、失去活力。

教师在教学中要善于运用"鲇鱼效应"，注重培养班级中的活跃分子充当"鲇鱼"的角色，引导学生共同探索，共同求知。我们应善于在课堂上运用"鲇鱼效应"，让课堂恢复生机和活力，唤起学生的学习欲望，你追我赶，积极上进，学有所成。

（三）要摆脱"限制因子"的束缚

"限制因子"指达到或超过生物耐度的因子。生态系统具有整体性特征，如果某一个生态因子的作用量无法达到个体所需时，即使其他生态因子的发展进程都非常完美，个体也无法正常生长，这种在整个生态系统中起到限制作用的因子被称为"限制因子"。"限制因子"效应在高校的英语教学中发挥着难以估量的作用。如英语教学中有时会出现晦涩难懂的词汇或者超出学生认知水平的知识点，面对这些新知识时，部分学生就会找不到正确的思维方向，即使能够参照教师的示范完成作业，但是对于这些知识点的理解仍旧比较肤浅，无法理解其深层次的含义，更不用说与已有知识建立联系了，以后再遇到类似的知识点，换个题型，他们就不知道该从何处下手了。对于这部分学生来说，对新知识的理解就成为学习的"限制因子"，影响了学生整体能力的发展。为了掌握知识点，有些教师采用要求学生做大量习题的方法，理由是"熟能生巧"，事实上这种教学手段对于能力的提升并没有多大效果，只有引导学生开发思维，才能打破"限制因子"的束缚，促进学生的全面发展。

（四）要遵循"耐受性与最适度"原则

1913年，谢尔福德提出了"耐受性法则"。一个生物能够出现并且生存下来，必须依赖一种复杂条件。如果要使一种生物灭绝，只须让其中一个因子超过它的耐受限度。高校英语课堂中的个体、群体在自身发展的一定阶段上，对周围环境的各种生态因子都有自己适应范围的上限和下限。在此范围内主体能很好地发展，否则将倒退，这就是教育的最适度法则。以《新技能英语高级教程：学生用书1》第四单元的第3、4课时为例，对于一些英语基础薄弱的学生，可以先鼓励他们从深入学习单词入手，如teamwork、volunteer、unforgettable等，而对于一些基础较为扎实的学生，可让他们用本课中的一些重难点句型如"the more...the more..."或"Whatever"造句，进一步拓展他们的学习思维。由此可见，教师在布置课后作业时要从大多数学生的角度出发，将习题量控制在大多数学生的共同耐受范围内，同时对于学习成绩优异、自主学习能力强的学生，以及学习成绩一般、自主能力偏弱的学生也要考虑其最适度值，单独设定合适的习题量，使学习优异的学生拓展思维，使基础薄弱的学生逐步掌握课程内容，不至于因为作业太难而产生厌学情绪。

（五）要灵活运用"生态位"原理

在某一资源维度上，一个种能在生态系统中有着固定的位置，该位置被称为"这个种在这一资源维度上的生态位"。同一生态位上的种之间是彼此竞争的关系，生态系统中生态位的位置是唯一的，两个种同时稳定地占据同一生态位的现象是不存在的。随着生态环境恶化，资源面临极度匮乏的状态时，生态位会泛化，个体适应能力随之提高，但是种间的竞争会呈现越发激烈的态势。相反，如果生态环境好转，资源极度充裕，生态位会特化，种间的竞争趋于和缓，但是个体适应环境的能力会逐渐下降。课堂教学同生态系统有着相似之处，即不同的学生也处于各自的"生态位"上。以高校英语课堂为例，不同的学生扮演着不同的角色，如成绩优异的学生扮演着优胜者的角色，成绩一般的学生扮演着参与者的角色，成绩较差的学生扮演着旁观者和落后者的角色。从学生心理成长的角度来看，不同"生态位"的学生在课堂教学中受到的影响是不相同的，所经受的锻炼也是各有差异的。由于学生的能力特长、兴趣爱好不同，他们在不同课程中扮演的角色是大不相同的。不同资源维度中生态位的多样性，使他们在课堂生态中得到丰富多样的心理体验。因此，如果学生在课程类型中扮演的角色过少，学生之间可以竞争的内容就变得单调。长此以往，有的学生逐渐脱颖而出，成为"常胜将军"，而有的学生则逐渐沦为陪衬者，对他们的全方位成长都是没有益处的。在教学中，如果不考虑学生的差异性，而是单纯以成绩作为评判学生优劣的标准，那势必有一部分学生的特长和能力就会被忽略，另一部分学生则常年扮演优胜者的角色，不曾或者很少体验到挫败感，进而产生生态位泛化，对学生心理造成负面影响，不利于他们的持续健康成长。

（六）要重视"边缘效应"

"边缘效应"这一科学概念由贝切尔于1942年提出。他发现两个或多个不同生物群落交会处的结构十分复杂。生物种类较多时，其边缘带群落结构就会越复杂，活跃的物种的生产力相对较高。边缘效应以强烈的竞争开始，以和谐共生结束，各种生物由激烈竞争发展为各司其职，各得其所，相互作用，形成一个多层次、高效率的物质、能量共生网络。"边缘效应"普遍存在于自然生态系统和人类生态系统中。教育生态系统也有边缘效应。在高校英语课堂上，教师往往忽略班级中间层次的学生和边缘地带的学生，关注更多的是"好学生"和"差学生"，而忽略各方面都普普通通的学生，忽略正处在"好"与"差"边缘的学生。这些"隐身人""边缘生"恰恰是有较大进步空间的学生，教师稍加点拨和关心，他们的成绩很可能就提高了。

第二节　大学英语知识教学与实践

进入 21 世纪，人们逐渐意识到人类的进步与生态和谐有着密切的关系。对高校英语课堂教学的研究自然也可以基于生态学的视角展开探索。可以说，从生态语言学角度看，高校英语课堂教学是一个完整的微观生态系统。

生态语言学作为一门新兴的语言学分支学科，给语言教学理论与方法的研究带来了新的思路和新的视角。本节以生态语言学为指导，探讨高校英语语音、词汇、语法教学的方法，分析不同教学方法的内涵和具体操作方式，最后提供一定的教学实践。可以说，运用生态语言学，以及可持续发展的高校英语语音、词汇、语法课堂教学方法，可以切实提高教学质量与学习效率。

一、语音教学

（一）语音教学的原则

1. 准确性原则

学习语音归根结底是为了培养学生的英语沟通能力。与人交际，必须既要听得懂别人的意思，又要使别人听得懂自己表达的意思。如果语音不正确，别人就很难听懂你表达的意思，从而导致交际失败。因此，准确的发音是培养学生语言沟通能力的前提和基础，是十分重要的。教师要汲取先进的教学方法，将多媒体、网络视频等多样化的教学手段应用到英语教学中，以发音方式、发音部位为切入点，培养学生准确的发音方式。

2. 示范性原则

示范性原则也是语音教学必须遵循的原则。教师有效的指导和示范对学生学习英语语音有很大的帮助。有关研究表明，听示范音是模仿发音的前提和基础，只有示范的发音准确且规范，学生才能准确地了解发音方式，进而才能模仿得像，发音才能准确。这就要求教师在语音教学的过程中，首先要示范发音，学生通过观察教师示范的口型，听教师的示范发音，对于英语的语音和语调有着正确的感知，从而为正确模仿发音提供前提条件。

（二）语音教学的方法

1. 听音模仿

听和模仿是语音系统学习的主要途径。学生语音学习得好与坏，主要取决于其听准教师的发音和准确模仿教师语音的能力。教师应充分利用学生的这一特点，先让学生认真观察教师发音时的口型，听清、听准、听完整再开口。如有必要，教师要配合讲解发音要领和方法，使学生在理解的基础上进行模仿。比如，在讲解英语音标时，教师可以先让学生对照口腔发音部位图熟悉各发音器官，然后教师示范发音，要求学生仔细观察教师发音时的口型，注意嘴唇的开合过程，再调动有关发音器官反复模仿练习，必要时可让学生对着镜子练习。在互联网时代背景下，很多时候教师没有充足的时间在课堂上传授给学生所有发音知识，这时候教师可以录成发音视频，让学生对照教师的发音视频来进行重复学习，这样久而久之，学生就能准确掌握发音，当然也可以对课堂上教师教授的内容进行复习。

除让学生模仿教师的语音、语调外，在"互联网+教育"背景下，教师也可以指导学生听英语本族人录制的唱片等，并且在听的过程中帮助学生解决听力理解上的困难。除单音模仿之外，教师也要注意学生语音的重音模仿、基本节奏模仿、语速模仿、情感模仿、情境模仿等，从而提高整体语音水平。

2. 拼读训练

语音拼读要求学生掌握英文字母在单词中的发音并正确读出。教师在组织拼读训练时，要先从学生熟悉的开始。拼读时应从元音字母和元音音素开始。这种练习更适合元音后面发音相同的单词。拼读训练一般先从单音节词开始，之后拼读双音节词和多音节词。在拼读双音节或多音节词的时候，教师应提醒学生注意重音。学生有了拼读能力就能够根据音标正确读出单词的发音。这种能力的培养要靠长期训练。

3. 对比训练

学生会不可避免地受到本族语的负迁移。例如，对英语中的双元音和汉语复韵母的发音，有的学生混淆不清，对此，教师要帮助学生找出英汉两种语言发音之间的联系，然后加强练习，加深理解，巩固记忆。

利用英语发音中的最小对立体，也可以较好地训练学生的发音。最小对立体指一对只有一个音位不同、意义有别的单词。在语音教学中，教师也应该展开对比训练，让学生通过对比来更好地掌握英语发音。

二、词汇教学

（一）词汇教学的原则

在高校英语词汇教学中，教师应科学地遵循教学原则，以使词汇教学更加高效、有序地进行。具体而言，教师在开展词汇教学时可遵循以下教学原则。

1. 循序渐进原则

学生的学习都是一步一步、循序渐进地进行的，所以教师在开展高校英语词汇教学时应遵循循序渐进原则。具体而言，在高校英语词汇教学中遵循这一原则，是指在数量和质量平衡的基础上逐层加深所教内容。基于循序渐进原则，高校英语词汇教学不能仅仅重视学生对词汇数量的掌握，也应重视学生对词汇质量的把握，要做到在增加学生词汇数量的基础上，提升学生使用词汇的熟练程度。逐层加深是指高校英语词汇教学应由浅入深、层层递进地进行，因为课堂教学中不可能一次性教授词汇的所有意义，学生也不可能一次性掌握全部知识。总体而言，在高校英语词汇教学中，教师要避免急于求成，应由浅入深地推进教学，逐步提升学生的词汇运用能力。

2. 词汇呈现原则

在高校英语词汇教学过程中，教师首先要向学生呈现词汇。实际上，教师如何呈现词汇，对学生的学习兴趣有着直接影响。因此，教师要注意词汇呈现的方式，具体而言，要确保词汇呈现的直观性、趣味性和情境性。

3. 联系文化原则

高校英语词汇教学应遵循联系文化原则，这是因为语言与文化密切相关，很多词汇都蕴含着丰富的文化，而且词汇学习的最终目的也是进行跨文化交际。遵循联系文化原则是指，在高校英语词汇教学过程中，词义的讲解、结构的分析都应与文化相联系。充分理解语言文化，有助于加深对词汇的理解，全面掌握词汇的演变规律，有效地运用词汇。

（二）词汇教学的方法

合理、有效地运用教学方法，可显著提升高校英语词汇教学的效率，优化高校英语词汇教学的环境。因此，在高校英语词汇教学中，教师应创新教学方法，提高教学效果。

1. 词汇记忆法

要想有效掌握和运用词汇，首先要记忆词汇，记忆对于词汇学习是至关重要的，因此在高校英语词汇教学中，教师有必要向学生介绍记忆词汇的方法。

（1）归类记忆

①按词根、词缀归类。很多英语词汇的构成存在一定规律，即由词根、前缀和后缀构成，对此，教师可以引导学生对词根、词缀进行归类，这样不仅能提高记忆的效率，还能使学生掌握记忆词汇的规律，提高学习词汇的兴趣。

②按题材归类。教师可以借助日常交谈中的话题来帮助学生记忆词汇。在日常的生活和交际中常会涉及不同话题，教师可以引导学生将与某一话题相关的词汇进行归类，这样既能有效地让学生记忆词汇，又能锻炼学生的交际意识和能力。

（2）联想记忆

联想记忆也是一种有效记忆词汇的方法，具体是指以某一词为中心，进而在头脑中联想与之相关的词汇。这样可以发散学生的思维，使学生对词汇的掌握更具系统性，而且记忆效果更佳。

（3）阅读记忆

词汇与其他语言技能有着密切的联系，如词汇与阅读关系密切。因此可以通过阅读来记忆词汇。具体可以通过精读和泛读来记忆词汇，通过精读可以深入了解词汇的含义，通过泛读可以进行无意识记忆，加深对精读所学词汇的记忆。可以看出，经常阅读不仅可以有效进行词汇记忆，还能加深对词汇的认识，了解词汇在特定语境中的运用情况。

2. 文化教学法

随着语言教学的文化倾向以及语言与文化的密切关系，高校英语词汇教学应与文化教学相融合，一方面培养学生的文化素质，另一方面通过文化来深化学生对词汇的认知，进而培养学生的跨文化交际能力。具体而言，教师可以采用以下两种方法。

（1）融入法

在高校英语词汇教学中，教师可以将词汇教学与文化教学相结合，也就是将相应的文化知识融入词汇教学中，从而让学生在掌握词汇知识的同时，了解其文化含义，提高学生的词汇理解和应用能力。具体而言，在备课过程中，教师可以选取一些与教学内容相关的典型文化材料，将它们恰到好处地融入词汇教学课堂，以增强教学的趣味性、知识性和文化性，并且扩大学生的文化视野，提高学生的积极性，加大学生词汇学习的深度。

（2）扩充法

词汇学习不能仅依靠教师的课堂讲授，还要依靠学生的课外自主学习。对此，教师应有效引导学生充分利用课外时间来自主扩充词汇量，丰富词汇文化知识。

①推荐阅读

教师可以向学生推荐一些课外读本，如《英语学习文化背景》《英美概况》等，让学生利用课余时间进行阅读。通过阅读英语名著，学生不仅能充分了解西方文化背景知识，扩大文化视野，还能积累丰富的词汇，了解词汇的运用背景以及词汇的文化含义，更能培养学生良好的自主学习习惯，促使学生形成终身学习的意识。可见，阅读英语书籍对学生的词汇学习是非常有意义的，不仅能培养学生的自主学习能力，还能丰富学生的文化知识，提高学生的词汇量。

②观看英语电影。现在的不少大学生对于英语电影有着浓厚的兴趣。对此，教师可以借助英语电影来提高学生的词汇能力。具体而言，教师可以选取一些蕴含浓厚英美文化，并且语言地道、通俗的电影让学生观看。这样，学生可以在欣赏影片的过程中，切实感受英美文化，提高文化素质和词汇能力，同时提升学习词汇的兴趣。

三、语法教学

生态语言学视域下的语法课堂是动态的，是可持续发展的，其涉及生态环境中的多个生态因子，这些因子互相依存且相互制约。语法教学的每个环节都应考虑到各个要素以达到生态平衡。从微观层面说，应该考虑如何保持语法与听、说、读、写之间的平衡关系；从宏观层面看，应重视教师的知识储备、教学方法、学生的学习方法与策略、学习规律及教室环境等因素对语法教学的影响。

（一）语法教学的原则

高校英语语法教学的有效开展应以科学的原则为保障，也就是说，在高校英语语法教学中，教师应遵循一定的原则，以确保教学高效开展。

1. 实践性原则

传统的高校英语语法教学只重视知识传授，不重视技能培养，忽视语法的交际功能。《大学英语教学指南》（2020版）注重对英语应用能力和跨文化交际能力的培养。教师要明确英语语法教学只是培养语言实践能力的途径，其目的是更好地培养学生听、说、读、写等语言实践能力，进而教会学生用英语进行交际。因此，语法教学必须突出其实践性原则。

行为主义学习理论中提到，外语学习基本上是一个习惯形成的过程。其他流派也从不同角度提出了练习在培养言语能力中的作用。高校英语语法主要出现在单词、句型、文章中，教师在语法教学中必须以多种方式对语言知识进行实践练习，根据具体情况适当点拨，让学生在精读多练的基础上，熟练掌握语法知识，形成语感，从而建立一套新的语言习惯。

2. 文化关联原则

语法作为语言的内部规律，与文化有着密切联系，即蕴含和反映着丰富的文化信息。对此，在高校英语语法教学中，教师应重视文化因素对学生语法学习的影响，并有意识地进行文化教学，创设英语语言环境，从而丰富学生的文化知识，切实提高学生的语法能力和语言交际能力。

（二）语法教学的方法

为了提高学生的语法水平，培养学生的交际能力，教师应灵活选用有效的教学方法开展语法教学。

1. 三维教学法

在具体教学过程中，英语教师都倾向于两种教学方法：一种是注重语言形式或语言分析的教学方法，另一种是注重语言运用的教学方法。这两种方法各有侧重，但实践证明，将两种方法结合起来才会更加有效。美国语法专家拉森·弗里曼提出了三维教学法，将语言的形式、意义和用法有机结合起来。

三维教学法的实施包含五个步骤：热身运动、发现语法、学习形式、理解意义、应用语法。

第一，热身运动是对上一堂课要点的复习，通过一些参与性活动，如听歌、表演、竞赛等形式，让学生对新的内容有所了解，调动学生的背景知识，激发学生的求知欲望。

第二，发现语法是指学生通过教师的讲解和引导，自己感知和发现语法现象。

第三，学习形式是指学生在发现语法的基础上，以语法结构的形式总结出语法规则。在课堂教学中，这部分内容表现为回归课文阅读文章，通过阅读文章找出类似的形式和结构。这一阶段过后，学生能够为下一步理解、操练规则做好准备。

第四，理解意义是指设计以意义理解为主的活动，从而促进学生对语法项目的理解，为语法的应用奠定基础。

第五，应用语法是指教师为帮助学生掌握语法规则、提高其语法应用能力所设计的意识强、交际性好、能够促进思维发展的活动或任务。

在具体教学过程中，教师可以根据具体的教学情况对上述几个步骤进行调整。

2.语境教学法

为了调动学生的感觉器官和学习兴趣，教师可以采用语境教学法来开展语法教学，让学生在真实的情境中学习，帮助学生系统地掌握语法知识，提高学生的语法运用能力。

（1）运用媒体，展示情境

在高校英语语法教学中，教师可以运用多媒体技术进行教学。多媒体教学素材丰富多样，包含图像、图形、文本、动画以及声音等，将对话的时空体现得生动和形象，图像和文字都得到了充分展现，课堂氛围不再沉闷死板，学生的感官得到了调动，加深了学生的印象，提高了学生参与课堂教学的积极性，教学和学习效率也得到了显著提升。

（2）角色扮演，感受情境

在高校英语语法课堂教学中，教师还可以组织学生进行角色扮演，让学生身临其境地学习语法知识。学生可以通过自己扮演的角色，体验相应情境下人物的言行举止、思想情感，深化所学知识，提高学生的人文素养。

第三节　大学英语技能教学与实践

语言技能包括听、说、读、写四个部分。从语言交际功能看，听、说、读、写是接受（听、读）和产出（说、写）之间的相联互动。

一、听力教学

英语听力作为课堂教学的一种形式，是语言输入最重要的渠道之一。国内很多学者针对如何提高听力学习的效果开展了大量研究，这里尝试将英语听力课堂看成一个有机体，以生态外语教学观来研究听力教学。

（一）听力教学的原则

1.激发兴趣原则

听力能力的提高需要一个过程，不能一蹴而就，而且需要不断练习和努力，很多学生由于自己听力能力不佳，加上进步缓慢，因此对听力学习缺乏兴趣。可见，兴趣对于英语听力学习至关重要，教师在开展高校英语听力教学时要有意识地激发学生的兴趣，也就是遵循激发兴趣原则。具体而言，教师在进行听力教学之前，首先要充分了解学生的兴趣所在，即了解学生对哪些听力活动和听力内容感兴趣，然后以此为依据来调整教学内容和教学方法，激发学生的听力兴趣，调动学生的积极性，进而提高学生的听力水平。

2.情境性原则

听力是交际的重要方式，学生只有在自然、真实的环境中，才能与环境产生相应互动，获得真实的语言体验。很多教师往往都有这样的感受，即教师竭尽全力鼓励学生参与课堂教学活动，但学生依然对听力学习缺乏积极性，课堂教学氛围沉闷。实际上，良好的课堂氛围需要师生共同营造，教师应该与学生积极沟通，充分发挥自己的主导作用和学生的主体作用，营造活跃、自然、民主的课堂氛围，创建英语语言情境，进而培养学生的听力能力。

3.综合原则

英语包含四项基本技能，即听、说、读、写，这几项技能之间并不是相互独立的，而是密切联系、相互促进的。所以，教师要想切实提高学生的听力水平，就要重视听力与其他技能之间的关系，将输入技能训练和输出技能训练相结合，培养学生的综合英语能力。

（二）听力教学的方法

1.技能教学法

听力的有效进行是需要一定技巧的，因此在高校英语听力教学中，教师应向学生介绍几种常用的听力技巧。

（1）听前预测

在进行听力练习之前，进行一定的预测是很有必要的。在教学中，教师可以指导学生在正式听听力材料之前，先浏览一下听力问题，据此预测听力测试的范围，如地点、时间、人名等，这样可使听力更具针对性。

（2）抓听要点

在听的过程中，要学会抓听要点。也就是抓听交际双方言语活动中的主要内容、主要问题、主题句和关键字等，对于一些无关紧要的内容则可以不用重点去听。

（3）猜测词义

听力过程中不可能听明白每一个词，而且有时难免会遇到陌生的单词，此时如果停下来思考这个词的意思，就会影响对整个听力材料的理解。这时可以继续听，通过上下文来猜测词义，这样既不会中断思路，也能流畅地理解听力材料内容。

（4）边听边记

听力具有速度快和不可逆转等特点，听者在有限的时间内不可能听懂和记住所有内容，此时就需要借助笔记来辅助听力活动，也就是边听边记录。听力笔记不需要十分工整，只要听者自己能看明白就行。

2. 文化导入法

（1）通过词汇导入

词汇是语言的基本要素，蕴含着深厚的文化内涵，所以要了解西方文化，首先要从词汇开始。在高校英语听力教学中通过词汇向学生导入文化知识，不仅可以提高学生的文化意识和素养，还能丰富学生的词汇量，为提高听力能力奠定基础。例如："狗"这一动物在中国文化中多具有贬义色彩，从"狗腿子""狗拿耗子"等表达中就能看出；而在西方文化中，狗（dog）深受人们的喜爱，被人们当作好朋友。在听力教学中，有意识地扩大学生的词汇量，丰富学生的词汇文化知识，将对学生听力能力的提升大有裨益。

（2）通过习俗导入

交际中必然会涉及习俗文化，如打招呼、称呼、感谢等，了解这些习俗文化对听力能力的提高具有重要意义。在具体的听力教学中，教师可以设计情景对话，或者安排学生进行角色扮演，让学生置身于英语环境中感受英汉习俗文化的差异，听取地道的英语表达，锻炼英语听力能力。

（3）通过网络多媒体导入

现代信息技术的发展促使网络开始普及，而且在各个领域发挥巨大作用。在信息化时代，教师可以充分利用网络技术向学生输入文化知识。具体而言，教师可以通过多媒体设备向学生展示文化知识，引导学生进行广泛的听力活动。此外，教师可以鼓励学生通过网络寻找听力资料进行练习，这样可以培养学生的自主学习能力，锻炼学生的听力水平。

二、口语教学

从生态的视角发展学生课堂口语交际成了很多学者感兴趣的问题。下面先从生态学视角研究英语口语教学的相关原则，然后介绍一些可以采用的教学方法。

（一）口语教学的原则

1. 先听后说原则

在英语语言技能中，听和说是相辅相成的。听是说的基础，俗话说"耳熟能详",只有认真听、反复听、坚持听,才能最终说一口流利的英语。因此,高校英语口语教学应当坚持"先听后说"原则,即教师首先应注意加强学生听的能力,其次才是说的能力。只有坚持先听后说原则,才能帮助学生掌握正确的发音,为训练口语能力打下良好基础。

2. 内外兼顾原则

口语能力的提升需要大量的练习,但口语课堂教学时间是有限的,学生的口语表达能力不可能在有限的课堂时间内得到锻炼和提升,还需要充分利用课外时间。对此,教师在开展高校英语口语教学时,应遵循内外兼顾原则,即将课堂教学与课外活动相结合,全面提高学生的口语能力。在课堂教学练习的基础上,学生开展相应的课外活动,可以将课堂上所学习的知识在课外活动中进行充分实践,从而达到复习、巩固知识的目的。此外,学生在课外活动中还可以运用课堂上所学习的理论知识,将知识内容转化为技能。与课堂活动相比较而言,课外活动的氛围比较轻松,学生的心情也会十分愉悦,在这种放松的心情下练习口语将会取得令人意想不到的效果。在课程结束之后,教师为学生安排作业与练习之前,可以将学生分组,让学生以小组为单位来完成作业,通过相互讨论小组任务,可以帮助学生提升自身的口语能力。

3. 科学纠错原则

学生口语能力的锻炼需要学生不断地说,而学生在说的过程中难免会出现各种问题,有些教师不注意纠错的方式,一旦发现学生表达有误,就打断学生进行纠错,这样不仅会打断学生的思路,还会挫伤学生的自信心,更会使学生失去说的勇气。对此,教师应遵循科学纠错原则,即对学生表达过程中出现的问题加以区别对待,根据学生的性格和所处的场合分别处理。这样能避免影响学生的积极性,也能使学生认识到自己的错误并自行加以改正。

(二)口语教学的方法

生态课堂始终坚持以人为本的理念,尊重个性,关心每一位学生,承认学生的个体差异性,让学生在教师的指导下充分发挥自身潜能,自主地建构具有自身特色的知识体系,引导学生深入思考,注重培养学生的质疑精神和解决问题的能力,促进学生身心的和谐发展。

1. 以学生为本

在高校英语口语教学的生态课堂中,学生作为生态里的重要因素,发挥着不可估量的作用,因此生态课堂的建构要秉持以学生为本的理念,从学生的身心特点出发,设计出符合时代需要和贴近学生语言习得的任务,激发学生的学习兴趣,鼓励他们大胆表达。

2. 以体验为首

运动性是生态系统的典型特征,不仅生态系统中的所有物体处于不停运动中,而且生态系统和外界也是紧密联系、不停运动的。学生作为个体在课堂生态系统里处于主体地位,其宗旨是培养学生独立思考的能力以及发现问题、解决问题的能力。这就要求在口语教学中,打破课堂教学的局限性,结合教学目标和学生的实际情况,设计适合学生完成的任务,强调学生的体验,将英语听、说、读、写四方面的能力有机地结合起来,提高学生的口语表达能力。

3. 以合作为主

教学实践证明,学生间的合作交流对于提高学生的综合素质有着积极意义。学生以语言为媒介,将自身对世界的认识通过语言与其他学生交流属于知识的输出过程;在跟同学讨论时接受他人的观点属于知识的输入过程。同伴之间年龄相仿,思维方式相近,在交流合作中成长,激发智慧的火花,培养合作精神。

4. 以愉悦为需

愉悦的课堂气氛体现出现代教育开放性、民主性的特质。学生在愉悦的课堂中树立了自信,学习潜能得到了最大限度的开发,也积极地体验了自我探索的滋味,并培养了创新精神。需要注意的是,营造生动愉悦的课堂氛围并不意味着一味地取悦学生,而是要发挥教师的引导作用,在尊重学生的前提下,以适当的方式引导学生探索新知识,进而促成对新知识意义的建构,取得更好的教学效果。

三、阅读教学

生态外语教学是以生态语言学为理论基础的,其吸收了应用语言学的研究成果,通过高校英语阅读课堂教学过程中对生态教学观的应用和反思,为高校英语阅读课堂教学研究、剖析和发展展开了新的视野,给高校英语阅读教学带来了一些观念上的变化,丰富了高校英语课堂教学实践。

(一)阅读教学的原则

1. *层层设问原则*

在高校英语阅读教学中,教师时常会问学生相关的问题,以吸引学生的注意力，调动学生的阅读兴趣。但教师在提问时要讲究一定原则和策略，不能盲目进行。教师在提问时要坚持层层设问原则，即教师在提问题时要注意体现一定的层次性，所提问题应由易到难、由浅入深，使学生通过回答简单的问题获得自信，在回答较难的问题时更愿意开动脑筋、积极思考、挑战自我，从而获得成功。

2. 真实性原则

阅读也是为实际交际服务的，而交际具有真实性，所以在高校英语阅读教学中，教师要遵循真实性原则，即确保阅读材料的真实性和阅读目的的真实性。

（二）阅读教学的方法

1. "阅读圈"教学法

所谓"阅读圈"，是指由学生自主阅读、自主讨论与分享的阅读活动。在阅读圈内，每位学生自愿承担一个角色，负责一项工作，并进行读后反思。阅读圈模式的目的是鼓励学生阅读和思考，其活动效果在很大程度上取决于小组成员在前期是否做好了充分的准备工作。采用"阅读圈"教学法开展阅读教学，对于提高学生的阅读兴趣和教学效果具有重要意义。在高校英语阅读教学中，"阅读圈"教学法的实施步骤主要包括以下几个。

（1）设计任务

首先，教师以某个文化专题为教学内容，明确教学目标，选定学生在课堂以及课外需要阅读的材料，设计好相应的需要学生进行讨论和分析的问题，并规划好学生完成这些任务的学习模式。

（2）布置任务

接下来教师要向学生布置具体任务。教师可以让学生自由组合成"阅读圈"，每个小圈子为 6～7 人。圈子形成后，教师要让学生清楚地了解详细的学习要求和规则。此外，教师可以鼓励学生在自己的阅读圈内承担一定的角色，具体角色示例如表 3-1 所示。

表 3-1　阅读圈各成员的角色分配示例

角色	具体任务
讨论组织者	主持整个讨论过程，并准备相关问题供圈内成员讨论
词汇总结者	摘出阅读材料中与文化专题相关的重点词汇和好词好句，引导圈内成员一起学习

续表

角色	具体任务
总结概括者	对所有阅读材料的文化元素和内容进行总结，与组员分享，并总结、评价小组活动的内容和成果
语篇分析者	提炼阅读材料中重要的语篇信息，并与圈内成员分享
联想者	将所读阅读材料与文化专题相对应的中国文化的内容建立联系，结合最新的社会文化发展动态进行批判性评价
文化研究者	从阅读材料中找到与自己相同、相近或者不同的文化元素和内容，并引导圈内成员进行比较

（3）准备任务

在布置完任务之后，教师引导学生进行独立思考，并让学生把需要讨论的问题及自身的思考结果归纳成文字。此外，由于阅读圈内各成员承担着不同的角色，教师应鼓励学生完成各自任务，自由表达自己对文化的不同看法。

（4）完成任务

在此阶段，阅读圈内的成员依次汇报、分享自己的阅读成果，对所读内容进行信息加工、思维拓展，确定小组汇报的内容，最终形成PPT，在课堂上展示核心成果。这一阶段是学生汇报并自由讨论的阶段，有助于启发学生的多元思维，深化学生对文化内容的探讨，因此教师要给予足够的重视。而教师作为活动的组织者和指导者，要掌控整个讨论过程，及时解决讨论过程中可能出现的争论不休或偏离主题等问题。

（5）评价任务

在完成任务之后，需要对任务进行评价，教师可以鼓励各个阅读圈进行自评与互评。在互评时，可以根据每个阅读圈展示的阅读成果，以及成员讨论表现进行打分。学生互评完成后，教师可以进行总结，对各阅读圈及学生自身的表现进行点评。需要注意的是，教师在点评时要注意尊重学生对文化的不同观点，重点关注学生思想的深度和广度，同时对那些积极参与讨论的学生提出表扬，以此带动全班同学积极参加此类活动。

2. 文化导入法

在阅读教学中导入相应的文化知识，能切实提高学生的阅读水平，而且能培养学生的文化素养。兴趣对于学习而言至关重要，它是激发学生学习积极性的内在动力。因此，在高校英语阅读教学中，教师可采用适当的方式方法来激发学生的阅读兴趣和热情，调动学生的积极性，使学生获得文化知识，提高阅读水平。其中，在阅读教学中进行英汉文化差异的介绍和分析，就是一种调动和培养学生学习兴趣的有效方法。向学生渗透英语文化知识，并比较英汉文化之间的差异，可以激发学生的学习兴趣，而且可以丰富学生的文化知识，扩大学生的视野，巩固学生的阅读能力。

四、写作教学

语言学家从"语言生态学"的视角出发，对写作能力进行了深入研究，探讨了不同语境下的生态写作，获得了丰硕的研究成果。

有学者对社会语境下的写作概念进行了明确阐释，指出社会语境下的写作有着丰富的内涵，是包括内容知识、通识知识、形式知识、特定任务知识以及共同体知识等一系列知识在内的知识系统。不同类型的写作任务对于社会语境知识和能力有着不同的要求，仅仅将写作句法是否正确、修辞是否准确作为评判写作能力高低的标准是不科学的，会掩盖写作的本质。

有学者认为写作能力由五方面的内容构成，分别是话语共同体、写作过程知识、修辞知识、体裁知识和主题知识，其中话语共同体知识在写作能力中居于核心地位，好的作者能够分析特定读者的需求，并以写作为载体，满足他们的期望。其他学者在此基础上，提出了元认知的概念。元认知是应用各类知识的基础，其中写作能力涉及分析元认知知识，即学生构思写作和谋篇成文的能力，可以更好地描述其写作能力发展。

国外对于写作能力的研究日益成熟，很多语言学家提出从发展、多维的生态视角来描述英语写作能力。他们认为生态写作构想由体裁与修辞知识、认知知识和社会文化知识三个模块构成。

（一）写作教学的原则

1.以学生为主体原则

为了解决学生地位偏差的问题，在高校英语写作教学中，教师应遵循以学生为主体的原则，即明确学生的主体地位，尊重学生的主体性，围绕学生展开教学。只有激发了学生的兴趣，提高了学生的主动性，才能使学生成为学习的主体。总体而言，就是要学生积极参与教学活动，发挥学习的自主性，使学生积极主动学习，提高其写作能力。

2. 循序渐进原则

任何一件事情的顺利完成都是需要花费时间的，都是一个循序渐进的过程，高校英语写作教学也不例外。在英语写作教学中，循序渐进原则主要涉及以下几个方面。

（1）语言层面：由低到高

在语言层面，教师可以先让学生进行句子写作方面的练习，然后逐步过渡到段落与篇章的写作。由于课堂教学时间有限，教师可以将对句子的写作训练穿插在其他技能课中，如精读课和听说课。此外，教师可以组织各种训练活动，如连词组句、补全句子、合并句子、扩充句子等，学生对句子写作逐步熟练后，教师就可以增加难度，过渡到篇章写作。

（2）语法结构层面：由易到难

在写作过程中，很多学生都因语法欠佳而无法使用哪怕稍微复杂一点的表达，这样势必会影响输出效果，写作质量也不会太高。因此，学生一定要重视语法学习，掌握基础的语法结构，在此基础上掌握更为复杂的语法结构。具体来说，在写作学习中，学生要先掌握简单句，然后掌握复杂句和并列句；先掌握短句，然后掌握长句；先掌握陈述句，然后掌握虚拟句和感叹句。对教师来说，写作教学也要坚持循序渐进原则，帮助学生巩固基础，进而攻克薄弱环节。

（3）话题层面：由熟到生

学生对于自己熟悉的话题往往更有写作兴趣，写起来也相对容易。因此，教师在写作训练中，可以先从学生熟悉又感兴趣的话题开始，等学生掌握一定的写作技巧后，可以让学生就一些社会热点问题等表达自己的观点，锻炼学生的写作能力。

（4）体裁层面：由简到繁

通常来说，不同文体的难易程度各不相同。一般来说，记叙文的写作难度较低，其次是描写文，然后是说明文，而议论文的写作难度最大。因此，在写作体裁方面，学生应从记叙文的写作训练开始，逐步向其他文体过渡。

3. 交际性原则

写作是一种重要的交际方式，其最终目的也是交际，因此高校英语写作教学应遵循交际性原则。具体而言，遵循交际性原则要求教师做到以下几点。首先，教学活动满足学生的即时需求，提高学生的交际能力。其次，写作教学活动要为学生提供写作交际的机会，使学生从中获得乐趣。最后，在修改活动中采用小组或同伴互评方式，加强学生之间的交流，让学生通过交流活动获得素材，从而为文章增添内容，锻炼学生的思维。

（二）写作教学的方法

教育生态学的研究表明，课堂生态是一种微观生态，是教育生态的重要组织形式。作为课堂生态主体的教师、学生、课堂生态环境三个生态因子之间相互依存、相互作用，形成一个多元互动的、完整的课堂生态系统。其中任何一个因子遭到破坏，就会引起连锁反应，导致课堂生态失衡。生态课堂具有整体关联性、动态平衡性、开放性及可持续发展性等特点，写作生态课堂的构建要以此为依据，由师生协同构建。在生态化的外语教学设计框架基础上，本研究构建出生态化大学英语写作模式，分为预写作阶段的设计与准备、写作中的协商与讨论。

1. 预写作期，确定多元化写作目标

多元化写作目标既要包含写作知识能力训练目标，又要注重培养学生的文化敏感性（如中英思维差异、书面表达差异等）及积极情感塑造。

2. 写作中，创设生态化教学环境

利用现代多媒体数字化资源（图文声像），设计情境化教学活动，通过读书报告会、写作比赛、话语表演等创设真实的交际情境，增强学生的语言广度与深度，以听、读、说的方式优化写作过程，实现听、说、读、写各因子协同进化、共同提升。同时，营造宽松、和谐的教学氛围。师生平等相待、和谐相处是生态化课堂的基本特征，其中教师是主导，学生是主体。教师是生态课堂教学的设计者、协调者、监督者和反思者，师生相互塑造、共同进步。要充分发挥学生的生态主体作用，让学生自己参与学习目标设定、写作主题选择及教学全过程等。

五、翻译教学

（一）翻译教学的原则

1. 精讲多练原则

精讲多练原则主要包含两个层面：精讲和多练。翻译教学如果仅从传统教学方法入手，先教授后练习，那么是很难培养好的翻译人才的。因此，在翻译教学中，不仅需要教授，还需要练习，应在课堂上将二者完美结合。

2. 实践性原则

只教授翻译理论很难培养出好的翻译人才，还需要进行翻译练习，这就是翻译的实践性原则。在翻译教学中，教师应该为学生创造更多机会展开练习。例如，教师可以让学生去翻译公司实习，通过实践活动来体验。

（二）翻译教学的方法

1. 扩大学生知识面

翻译是一项包含多领域的活动，如果对翻译的基础知识不了解，就很难明白文本的内容，也很难准确展开翻译。到目前为止，我国很多高校的英语翻译教学过多关注翻译基础知识，而忽视翻译能力培养，尤其是很少介绍文化方面的知识，这就导致学生在遇到与文化相关的翻译内容时往往手足无措，甚至会出现翻译错误。因此，在英语翻译教学中，应该渗透文化知识，扩大学生的知识面，培养学生对文化知识的理解与把握，帮助他们形成翻译能力。

2. 提高学生语言功底

翻译活动是一项复杂的活动，需要学生具备双语知识。也就是说，英汉语言功底对于翻译人员来说都是不可缺少的。因此，在翻译教学中，教师不仅要教授学生英语语言知识，还需要培养学生的汉语表达能力，使他们熟悉英汉语言国家的表达习惯，提升翻译质量。

3. 注重文化对比分析

受教学环境的影响，英语文化的渗透还需要依赖翻译教学，其中文化对比分析是一种比较重要的方式。具体来说，在翻译教学中，教师不仅要讲解教材中的文化背景知识，还需要对文章中的中西文化进行对比与拓展，帮助学生在翻译内容时接受文化知识。另外，利用文化对比分析，学生能够建构完整的文化体系。

4. 重视归化与异化结合

在翻译策略选择上，归化策略与异化策略是两种重要的翻译策略。由于英汉语言的差异，翻译实践中如果仅依靠一种策略是很难完成全部翻译内容的，只有将二者结合起来，并进行灵活的处理，才能保证翻译出的文章更为完美。

5. 媒体教学与课外活动相结合

为帮助学生更好地展开翻译，教师应该鼓励学生多学习一些英美原版作品，如教师可以引导学生多观看一些英美原版电影，从电影字幕出发教授学生翻译的技巧。另外,教师应该让学生在课外多收集一些生活风俗、文化背景方面的资料,在阅读与翻译中,学到更多的知识,从而为以后的翻译做铺垫。

第四节 大学英语语言文化融合教学与实践

语言文化融合教学是指在语言教学中贯穿文化,在文化教学中渗透语言,这是由语言与文化的关联性所决定的。

一、语言文化融合教学的原则

实施任何一种教学,都有着特定的准则。在语言文化融合教学的实施过程中,教师要根据文化的属性来制定相应的原则。具体来说,英语教学中实施语言文化融合教学应该遵循如下几项原则。

(一)以理解为目标原则

文化理解指的是学习者以客观、正确的态度看待、理解母语文化和目的语文化,并能以得体的行为方式与非本族语者进行跨文化交际。只有正确地理解自己国家以及他国文化,才能更好地进行跨文化交际。因此,英语教学中应当坚持以理解为目标的原则。在教学过程中,教师可以采取分析或解释目的语文化等手段,帮助学生了解两种文化的差异,以及产生差异的根源。

(二)文化包容性原则

人类历史的发展必定导致世界历史的形成。大工业的发展以及对剩余价值最大化的追求,导致人类历史的发展跳出了地域限制,成为利益相关的命运共同体。在经济全球化的大格局之下,引领潮流的世界性文化不再单单由某个国家或民族来创造,而是由更多主体来创造。如今的时代日益警惕文化霸权,倡导文化包容,你中有我、我中有你。文化只有具备包容的品质,世界不同国家和民族的文化才能在共存中达到更多的一致,进而使得世界各个国家和民族联系得更加紧密。在人类文化发展史上,封闭的文化会被推到边缘地带,并且阻碍世界历史的前进脚步;而那些包容性的文化才能推动世界历史的发展。

包容性的文化比较能够接受其他文化中的先进成分,因此能够较好地发展,也比较容易被其他文化所接受,因此就能够从地域性文化向世界性文化转变,进而成为推动世界文化进步的强大力量。从根本上讲,一种文化之所以缺乏包容性,是因为文化创造主体的思想狭隘，并且这种封闭的文化也会影响生活在其中的人们的思维方式，使得他们也变得狭隘，缺乏开放精神，难以接受其他文化。过于强调世界上的文化冲突，不利于世界文化的发展。只有包容性的文化，才有利于推动世界文化的车轮滚滚向前。

（三）文化的多维度互动原则

在英语教学中实施语言文化融合教学时，既要实现教师和学生之间的互动，还要实现语言和文化的互动，也要实现中西文化的互动。就教师和学生之间的互动而言，教师教学影响着学生的学习，而学生又反过来影响着教师的教学行为。跨文化教育应该紧贴时代的脉搏，改变以前的单向传递模式，在互动中求得发展和优化。对于语言和文化的互动，学生应该了解语言和文化的相互联系，用发展的、动态的眼光看待二者之间的关系。在这个经济全球化的时代，不同文化之间的互动表现得越来越突出，互动的频率有所提高，互动的范围有所扩大，互动的深度有所拓展。跨文化交流本身就要求进行文化的双向交流，语言本身也是在交流中产生和发展的，因此跨文化外语教育过程应是一个互动的过程。

（四）整体文化、主流文化输入原则

依据语言教学的整体目标，单纯的语言教学已经慢慢向语言文化融合教学倾斜。在英语教学中实施语言文化融合教学时，教师应从宏观入手，帮助学生掌握文化学习的整体性。整体文化输入原则包括纵向和横向两个维度，从纵向来看，文化的形成是一个源远流长的过程，时间横跨古今，学生应该对文化的产生和发展脉络有一种清晰的把握；从横向来看，文化具有多样性，不同的文化具有不同的特色，所以文化的输入类型也应是兼而有之的。另外，为了提高学生在跨文化交际中的文化自信心，教师应该引导学生尊重母语文化，适度适时地宣扬母语文化中的精华部分。但是，教学内容应保持理性中立的态度。总之，教师不应该将教学孤立起来，应注重引导学生关注文化的整体性，即整体地输入古今中外文化。

从文化的支配地位角度来看，文化分为主流文化和非主流文化。主流文化是当前社会提倡的文化，是大多数人认可的文化。在英语教学中实施语言文化融合教学时，教师应该选择具有广泛代表性的主流文化来进行输入，从而使学生更能适应当下的社会生活。

二、语言文化融合教学的方法

（一）文化引入策略

1. 说明策略

在中国，学生一直浸润在母语环境中，周围的英语环境极其缺乏，因此学生对很多文化背景知识可能是不太了解的。当学习材料中的文化背景知识影响到学生对学习材料的理解时，教师可以对有影响的文化背景知识进行一些说明介绍。教师的说明介绍最好安排在讲解学习材料之前的一段时间进行，以便为学生理解学习材料做铺垫。要将说明介绍的工作做好，教师需要提前在课外时间做好准备工作，搜集一些与教学内容相关的典型文化知识，并通过自己的消化理解将其恰当地应用到课堂教学之中。通常情况下，教学材料中的作者、内容和事件发生的时代可能都蕴含着一定文化内涵，学生必须广泛学习这些背景知识，否则就难以准确理解所学材料。

例如，当学生读到《21世纪大学英语》第一册第十单元"Cloning: Good Science or Baaaad Idea"（克隆技术是好科学还是馊主意）中的"Faster than you can say 'Frankenstein', these accomplishments, triggered a worldwide debate."（不等你说出弗兰克斯坦，这些成果就已经引发了世界范围的大辩论）这句话时，可能不明白如何解释'Frankenstein'，因此也不明白整句话的意思。在这种情况下，教师需要介绍以下三点与理解该材料有关的背景知识。

①英国女作家玛丽·雪莱写了一部科幻小说，这部小说描写了一位发明怪物并被它消灭的年轻医学研究者，名字叫作"Frankenstein"。

②在英语中，有个成语为"before you can say Jack Robinson"（一瞬间，突然），"Faster than you can say Frankenstein"就是根据这个成语创造出来的。

③文章中的人物是在一定社会背景下出现的，当时克隆技术大肆蔓延，作者极度担心克隆技术会对人类社会造成重创，这一担心又得到了世界上已经掀起的大辩论的证明，因此读者就将克隆技术与小说情节联系起来。

2. 比较分析策略

有比较，就有结果。只有在比较中，事物的特性才会表现得更加明显。经过不同的历史轨迹，中国和西方国家在长时间的历史积淀中形成了不同文化。因此，在高校语言文化融合教学中，教师可以通过母语文化和英语文化的明显比较，来让学生更加深刻地认识母语文化和英语文化。在跨文化交际中，学生也因此提高了文化敏感性，会更加重视文化对于交际的影响，从而减少甚至避免文化差异引起的交际冲突。打个简单的比方，问别人的行程和年龄在中国是很正常的，但是在西方人眼里是对隐私的侵犯。

（二）外教辅助策略

条件允许的学校可以适当地聘请一些外籍教师授课。外教不仅可以提升学生的英语学习兴趣，还能真正促进学生跨文化交际能力的提高。在与外教接触和交流的过程中，学生能够增强英语口语表达的信心，接触到课堂上学不到的社会文化背景知识，真正提高英语文化敏感度和英语交际能力。

同时，高校的中国英语教师在与外教进行工作交流过程中，一方面能够通过实战演练提高自身的跨文化交际能力，另一方面也能吸收国外教育方法的优势，有利于提高自身的教学水平。

（三）师生互动策略

教师要努力尝试通过和学生的互动来实施高校语言文化融合教学。教学的本质决定了教学不应该是单向行为，而是双向行为。因此，高校语言文化融合教学应该真正回归到教学的本质上来。互动法的完美落实，需要教师做好一些功课。首先，教师要培养学生正确的文化心态，使学生平等地看待一切文化。其次，教师要营造平等、自由和开放的互动氛围，鼓励倾听和表达，使得学生尽情发挥，畅所欲言。在互动过程中，教师和学生扮演不同文化中的角色，使学生理解外来文化。

（四）附加形式策略

以附加形式实施高校语言文化融合教学，就相当于一碟开胃菜，形式可以多样化。例如，在教材中设立文化专栏，在课外组织参观文化展览，举办英语文化主题讲座，或组织文化表演等。教师也可以将优秀的但是传播度不高的英语书籍介绍给学生，并以书中的文化知识为主题开展讨论、戏剧表演、知识竞赛等活动。这些活动都需要在教师的指导和监督下进行，以便真正实现高校语言文化融合教学的目标。以戏剧表演为例进行说明，微型剧包括 3～5 幕，每一幕包含一两个文化事件，学生在参与戏剧的过程中，可能会导致一些文化误读的现象，通过反思、调查之后，就能找出文化误读的根本原因，从而学习了文化知识。

第四章 基于教育生态化的大学英语课堂教学模式构建

本书第四章的主要内容为基于教育生态化的大学英语课堂教学模式构建，依次介绍了新时代大学英语课堂的生态特征、大学英语课堂教学生态失衡现状与原因、大学英语生态课堂教学模式的构建原则、大学英语生态课堂教学模式的构建策略四个方面的内容。

第一节 新时代大学英语课堂的生态特征

一、教学的生态特征表现

教师与学生之间存在着相互制约又相互促进的关系，这种相互依存、相互影响的辩证统一关系构成了教学生态系统。教学的生态特征是由教学活动生态功能所决定的，二者息息相关。教学在一定意义上讲就是一种生态系统，而教学生态环境又是指影响或制约教学活动进行并产生作用的各种条件的总和。教学的生态功能，既保障教学活动的稳固开展，也关系着人与社会发展的和谐进步。在现代教育中，教师作为教学活动的组织者，其对学生的影响是最直接的，因此教师的生态素养就显得尤为重要。可持续育人功能、系统规范功能和动力促进功能，是建立在教学生态特性基础上的三种教学生态功能。

（一）可持续育人功能

"育"就是养育、培育、教育。教育教学最本质的功能就是育人，这是无可厚非的，教学以人为本，旨在培养健康向上、全面发展的人。教育对人的"育"从以下三方面得以体现：①人的身体发育，教育以促进人的健康成长为根本。②借助教育活动，促进人的智力水平提高，同时对审美能力、创造能力等多方面能力加以培养，促进多种技能的发展。③提高人们的道德水平。在历史发展长河中，教育是一个持久的、无限的教学活动，这就是人们常说的教育的可持续育人功能。

首先，教学是一个漫长的过程，其效果并不是即刻显现出来的，而是通过日积月累的积淀才能得以提高。一方面，教学是一个具有内在关联性的整体，教学的每一部分、每一环节都是不可分割的。学生身心发展的阶段性就决定了教育教学的阶段性，对教师而言，教学每一新阶段的开始不仅是对上一阶段教学成果的巩固和继承，同时也为下一阶段的教学做铺垫——打好扎实的基础以促进更深层次的教学。对于学习者来说也是如此，学习内容的有序性排列就说明了学习内容之间具有关联性，前面的内容对后面内容的学习起到促进作用，是相互渗透、相互联系的，不能将一种内容独立地进行教学。同时，不同学习内容对学生能力的培养方面也是不同的，我们不能片面地认为哪类内容对学生发展是重要的，哪类是微乎其微可以忽视的。对于学习者来说，所有的内容都是必不可少的，是促进个体全面发展的关键。另一方面，教学的根本并不在于使学生掌握多少知识和技能，而是要培养学生的"会学"能力，这是实现个体终身学习的关键因素。活学活用，使学生得以持续发展是教学育人功能的根本体现。要充分利用学生自身的内在潜力和创造力来推动学生的发展，但是这种可以作为重要教学资源的内在潜力和创造力本身并不能为学生所用，它需要通过教育，借助教师敏锐的洞察力和正确有效的教学方法，逐渐转化为外显能力后，才能对教授和学习产生促进作用。学生无限的潜力和创造力，就决定了教学在发掘学生潜力和培养学生创造力方面的作用也是无限的。

其次，课程教材对于教师教学和学生学习来说是相当重要的，它为教师和学生提供了丰富的教学资源。课程有显性课程和隐性课程之分，两者对于学生的发展是同等重要的。显性课程就是教育所规定的标准教学内容和教学目标，它在课程和教材中都明确地体现出来。而隐性课程是伴随着显性课程而出现的，是随机且难以预测的。它往往渗透在课程、教学活动以及人际关系中，对学生起着潜移默化的作用，包括学生的态度、习惯、文化价值以及信仰、偏见等。学校中存在的正规课程、各种社会活动，以及一些非正规的、潜在的教学活动都对学生起着各自的教育作用，影响着学生的方方面面。很显然可以看出，正规课程就属于显性课程，对学生的发展起着重要作用，而后两种应属于隐性课程，不仅促进学生个体的发展和自我意识的形成，同时它们的影响力也是全方位的，涵盖面极广，对学生的发展作用不容忽视。因此，学校应尽快将隐性课程纳入教学内容中，充分发挥其不可估量的影响，重视显性课程和隐性课程的优势互补，促进学生的全面发展。基于隐性课程全方位、持续化的影响，在一定程度上也体现出了教学活动无限挖掘潜力和培养创造力的作用,并且这种挖掘和培养是可持续化的。

(二)系统规范功能

在自然生态系统中,生物与生物之间存在着一种内在的生态链,整个生态系统靠这种生态链维持平衡,这是一种自然的调节能力,它能使不同生物之间达到一种动态的平衡,在适者生存、优胜劣汰的自然规律下得以持续稳定发展。

教学系统就如同一个自然的生态系统,其中存在的多种影响因素以一种整体的、系统性的规范,引导着教学活动的开展,保证了教学的秩序性、有效性。这里所说的系统性规范,包括有形的制度规范和渗透于教学规律中的无形规范,这两种规范分别以显性和隐性的方式共同影响着教学活动,保证了教学质量的提高。

通过制定相关的教学制度来明确地约束和规范教学活动的开展。制度规范既是一种有形的显性规范,同时它还具有一定的强制性,借助明确的条款直接作用于教学活动。它明确规定了教学目的、教学内容、教学方法以及教学评价,并对这些教学因素实施了全面的科学化管理。以教学评价为例来进行分析,教学制度通过确定评价主体、评价方式、评价指标以及评价手段等来保证教学评价有理有据地开展,提高了教学评价的效度和可信度。因此,教学制度通过一种明确、细致的条例规范来实现科学化的教学管理,促进教学质量的提高,优化教学效果,保证教学目标的实现。

与制度规范相对,教学规律是在教学活动中反映出的必然的、稳定的教学关系,它是内在的规范,是在长期的教学实践中摸索和总结出的规律。教学规律就像存在于教师和学生心中的一根准绳,需要教师和学生时时刻刻去遵守,它不需要用语言明确地表达出来,但是却不允许教育的相关工作者违背它,否则必然不会取得理想的效果。教学规律就如同自然规律一样,可以被利用,但是坚决不能被改变和创造。因此在教学过程中,不论是教师还是学生,都应遵守教学规律,以获得有效的发展与进步。一般的教学活动存在以下四条规律:第一,教学活动与学生的发展密切相关,两者相互促进、相互影响;第二,教师和学生是教学活动的共同主体;第三,教学目的、教学任务以及教学内容都应满足社会的发展需求;第四,教学效果受各种复杂的教学因素影响,它们的共同作用促进教学的发展。这些规律是不容忽视的,只有在教师和学生的正确认识和充分利用下,才能发挥它们的促进作用,使之更好地促进教学活动的开展。

(三)动力促进功能

动力促进功能是对于教育教学活动本身而言的,它是教学活动最基本的功能。

李森教授所著《教学动力论》一书，详细地论述了教学系统在各要素的对立统一中得以发展的过程，他借助矛盾论对教学动力进行了系统研究，从多种教学矛盾维度上分析了教学活动得以发展的动力问题。在这里，我们就不再对此过多阐述了，而是从学生的学习动机角度来分析教学具有的动力促进功能。学习动机是对学习者个体而言的，它是一种内在的驱动力，学生在这种内驱力的推动下才能积极主动地投身到学习活动中。与外在的驱动力不同，内在的驱动力是受学生兴趣、爱好的影响，承载着学生的理想和信念，反映着学生的世界观和人生观，是学生主观意识的体现。学习动机不仅可以提高教和学的质量，同时它也是促进学生发展、实现教学目标的重要推动力。因此，在实际教学过程中，教师应以学生的兴趣爱好为出发点，时刻关注学生，激发和培养学生积极的学习动力。

教师可以通过以下三个方面来实现对学生学习动机的激发与培养：第一，学习动机源于兴趣需求，是学生理想和抱负的衍生物，因此教师应培养学生的学习兴趣，引导学生形成积极的生活和学习态度。第二，充分发挥教师的榜样作用。一名优秀的教师不仅要有高水平的专业能力，同时还要具备积极的教学态度和丰富的人格魅力，在潜移默化中影响学生，使学生产生对学习的兴趣。教师的榜样力量是强大的，它能在无形中培养学生的学习动机。学生在教师积极的生活和工作态度影响下，会自然而然地喜欢上这个教师，进而对教师所教的课程产生兴趣。第三，应从学生的需求出发，采取多样化的教学方式，使教学贴近学生的实际生活，以激发学生的积极性，使学生主动地投身于学习活动。

我们要注意的是，教学动力不单单是学生兴趣和动力的激发，教学活动本身也是一种动力，它源于教师和学生的个性，又借助教学活动得以生成和发展。教学活动只有从师生的需求出发，尊重师生的个性，以一种科学性和艺术性的方式来促进教学目标的实现，才是一种动力教学，否则就不能很好地激发存在于教育教学活动中的动力，甚至还会出现反作用力，制约教育的发展。

教学动力是教育教学得以持续和发展的强大推动力，没有教学动力的教学活动是无法维持的。因此，教学动力的促进功能是教学本身的内在功能，它不仅推动着教学活动的进行和发展，同时也激励着学生积极参与学习活动。

从生态发展观来看教学，它是一种整体的、动态平衡的发展过程，其自身的生态功能和生态特性就决定了教学本身的可持续发展性。教学伴随着人类文明的发展历程，受各种教学因素的影响，积淀了千年的文明历史，历经无数次的突破、改革，还原教学的初衷。这种突破和变革从本质上讲就是教学生态化的形成、发展和升华过程。在这一次次的突破和改革路上，我们坚持着力于教学生态化的发展,并且我们有理由相信,在我们坚持不懈的努力下,终究会实现教学的生态化。

二、我国英语教学的生态特征

(一)英语纳入学校课程的生态位摇摆不定

1950年,教育部针对外语课程进行了第一次大型改革,将俄语作为全国中小学的第一外语,这是基于一定的历史原因和政治倾向的。在颁布实施俄语课程后的几年间,相继开展了两次有关俄语教学的全国性会议,使得俄语教学广泛普及于全国各大高校,一时间俄语教育风靡全国,不论是初中还是高中,都减少甚至取消了原本的英语课程,使得英语教师不得不另寻出路,英语教育也因此受到了巨大压制。由于一时间聘请不到高水平的俄语教师,故而俄语教学质量极其低下。大力倡导俄语教学,使得英语学科生态位遭受严重的排挤,初、高中英语课程基本处于边缘化状态。到了1957年,国家放宽了语言政策,使得英语与俄语维持在一种相对平衡的状态,课程比例为1:1,英语课程又被逐渐拉回到教育的中心范围。1959年,教育部提高了英语课程的课时比例,英语教育又逐渐开始"得宠"。到了1964年,英语再次成为全国中小学的第一外语,但是在课程比例上却降低了英语所占的比重。1970年,教育部对俄语和英语课时比例再次进行调整,定为1:2。

1979年,教育部再次对外语课程的科目类型进行选择,重新确定了英语教育的重要地位,英语再次成为中小学教育的第一外语,被广泛地纳入中小学的课程设计中。随着改革开放的不断推进,英语教学逐渐成为我国中小学教育的研究热点,进入一个白热化的发展阶段。据统计,1984年,在全国3800余万名学习外语的中小学生中,英语学习者就占到了92%以上。2001年,我国教育部推进了新一轮的基础教育课程改革,要求从小学3年级开始设置英语课程,这就意味着英语教学成为21世纪新一轮基础教育课程改革的必然趋势,极大地推动了英语课程体系的进一步发展。

(二)英语课程课时生态上下起伏不定

国家外语政策的起起落落,导致英语在学校课程中的地位起伏不定、变化无常。从1922年起,教育部就先后对课程标准进行了6次改革,每一次的改革都使得外语课程的地位发生或多或少的变化。从1922年的第三位到1932年的第六位,之后在1936年以及1940年又发生了一定程度的变化,等到了1948年,在国家外语政策的影响下,英语课程又在全部课程中位居第二。随着中华人民共和国的成立，外语课程的地位并没有得到稳固。1950—1963 年，又经历了数次起起伏伏：1950 年位居第十，1952 年降为第十二位，直到 1963 年，外语课程的地位才回升到第三位。到了 21 世纪，新一轮基础教育课程改革的实施才得以解决。新一轮的基础教育课程改革将英语课程纳入了语文、数学的地位行列，这才真正保证了英语课程在学校课程中的重要地位。随着改革开放的进一步深入和社会经济的不断发展，中国与世界的联系空前紧密，当前社会对于具有较强英语应用能力的需求日益增加。社会的发展对人才培养提出了更高要求，既要善于交际的基本型人才，也需要英语功底好的各领域专业性人才。然而，我国大学英语教学普遍存在"费时较多，收效较低"，所花时间和代价与教学效果不相适应的问题。为了进一步提高高校英语教学质量和学习效率，各大高校开始大幅度调整课程设置，从强调"花时间学"到强调"有效率地学"，在这一转变中，大学英语课程的课时被大幅削减。有的学校甚至把第三、第四学期的大学英语课程变为选修课，甚至取消了第四学期的大学英语课程，毫无疑问，这样大幅度的改革给英语教学带来的冲击也是巨大的。

（三）英语教学方法生态繁荣步步惊心

国家教育行政部门要求学校要及时将教学理论的最新发展运用到自身教学方法的更新和完善上，紧跟国际语言学研究的步伐，保证自身教学方法的时代性。然而，在实际教学中，这一要求并没有得到有效的落实，部分英语教师依然坚持按照传统的语法翻译法进行教学，或照搬现成的 PPT 课件内容"满堂灌"。新时代的大学英语课程定位兼顾工具性和人文性，力争实现知识传授、能力提升、价值引领同步进行，彰显全员教育的优势，这对高校大学英语教师提出了更高要求。新时代，学生学习方式呈现多样化、个性化、自主化的趋势，他们更愿意接受形式多变、生动有趣的课堂教学方式，希望学有所用，这就要求大学英语教师与时俱进，不断学习和探究创新的教学理念和教学方法。

第二节 大学英语课堂教学生态失衡现状与原因

一、大学英语课堂教学生态失衡现状

（一）系统组成部分构成比重的失衡

课堂生态系统由课堂生态主体和课堂生态环境相互作用而构成。课堂生态主

体指的是教师以及学生，这个概念相对来讲容易理解。课堂生态环境的概念就更为复杂了，单就学习者来看，课堂生态当中的一些主体有时也会转化成为一种环境因素，反过来对其产生影响。人们习惯于从以下三个维度来对课堂生态环境加以理解，即文化维度、关系维度、结构维度。课堂生态环境按生成的阶段可以分为三种：一是课前生成的环境因素，例如，教师的教学水平、教材的状况、网络以及多媒体的状况、学生的学科基础、教室的环境、师生在信息方面的素养等；二是课中生成的环境因素，例如，教师对课堂环境的情感以及态度、学生对课堂环境的情感以及态度、学生之间的关系、教师和学生之间的关系等；三是课后生成的环境因素，例如，课堂上以及学校制定的规章制度、班级和学校的学习风气等。

如果从量变的角度出发，来对课堂生态系统中各组成部分的比重进行分析，可以看出，"量变"指的是事物在程度上发生的变化，这是针对质变来讲的。课堂生态是一个比较完整的系统，这个系统的各种内因之间会发生彼此制约、相互作用的关系，所以一旦将现代的信息技术引入课堂生态体系当中，那它就必然会对其他的因素产生新的作用和新的要求。也可以说，一旦这个系统中的其他因子不与信息技术这个因子一同产生变化，那么这个生态系统的各个组成部分的构成比重就会出现失衡现象，也就是说大学英语课堂生态系统就会失衡。我们可以举个更形象的例子来加以说明：若把大学英语课堂视为一个天平，平时这个天平是平衡的，但是当"现代信息技术"所在的那侧盘中的砝码加重，天平的平衡状态就会被打破。要想保持天平的平衡状态，就要将与"现代信息技术"相对的那侧盘中的承载也相应地进行调整，只有这样，天平才能重新找到平衡点。课堂生态系统也是同样的原理，这个系统也需要保持一种动态的平衡，不能是一成不变的。

基于计算机网络和课堂的大学英语教学改革于2016年在全国推广以后，各个学校都以现代信息技术的应用为改革突破口，试图将传统的讲授式课堂教学转变为基于信息化的建构式和共建式课堂教学，以此来强化大学英语教学的实际效果。正因为大学英语课堂中引进了大量信息技术元素，所以课堂生态系统当中所包含的环境因子有了比较明显的变化。在这种情况下，只有系统中的其他生态因子作出主动的反应和变化，课堂生态系统才能维持平衡和稳定。但是，大部分教师的教育观念还未能跟上时代发展的步伐，自身的信息素养还有待提高，并没有预先制定好信息化课堂的管理制度，也未能及时对自身的角色进行重新定位，而且学生也还未能改变传统的学习方式和习惯，对新的教学方式、新的学习环境还没有真正适应。正是因为生态因子没有进行及时的更新，所以才造成了信息技术与传统教学弊端之间的种种不协调。这些传统教学活动中的短板包括：学生自主性学习的能力不强，课堂教学依然以教师为中心而没有转变为以学生为中心，课堂气氛依然沉闷僵化，教学方法的转变比较缓慢，学生的信息素养没有得到明显提高，教师的信息水平停滞不前，学生的学习习惯改变得不彻底，教师的教学理念更新比较缓慢等。上述种种不协调状态的长期存在，严重阻碍了信息化教学的推进速度和成效，现代信息技术在大学教学过程中难以发挥自身应有的作用。现代信息技术就像一匹孤独的良驹，以一己之力想拉动如此多停滞不前的元素共同前进的道路困难重重，导致改革预期与实际教学之间的差距较大。

1. 系统组成部分之间交互关系的失衡

由于信息技术在现代大学英语教学中处于主导性地位，为了让叙述更加清晰易懂，本节对生态主体间的失衡情况进行阐述，然后再立足于现代信息技术，详细阐述系统组成部分相互之间失衡的情况。

（1）生态主体之间的失衡

大学英语课堂生态中的主体都是如网一般交织在一起的，主要包含群体教师同群体学生、个体教师与个体教师、个体学生与群体教师、个体教师与群体学生、个体学生与个体学生之间的交互。在所有关系中，最重要的是教师生态群体和学生生态群体之间的交互。

要想使师生之间的互动保持协调，就必须使其目的和观念一致，从而使师生间的互动更加畅通。关系比较融洽的师生，相处就会融洽。所以说，良好的师生关系是促进教学顺利进行的重要条件之一。但实际上，随着教学改革的推进、信息化进程的加快，师生之间的和谐关系并不能达到理想的状态，这种关系往往会存在失衡的现象。这主要表现为教师和学生所持的理念以及所追求的目标不能保持一致，存在失衡的现象。我国所推进的教学改革是一种自上而下的改革，学校和教师都把注意力放在了改革的推进速度上，在教学中引入了大量的网络技术和信息技术，利用网络开展教学活动，希望先把改革搞起来，再通过改革来发现存在的问题并加以解决；但对于学生来讲，他们并不十分关心教学改革如何推进，他们所关心的只是怎样才能高效地提高自己的英语水平。这就造成了教师和学生"教"与"学"的目标不一致。教师想秉持一种教学的新理念，让学生成为教学的主体，努力提高学生参与课堂教学的积极性，让他们自主学习的能力有所提高，但是学生并不容易接受这些教学方式的改变，他们认为自己学习知识最有效、最合乎习惯的还是听取教师的讲解，教师所采取的课堂讨论或者自学都会浪费彼此的时间，降低学习的效率，影响学习的效果。也存在着另一种失衡现象——师生间的交互程度还远远不够。

近几年高校开始大量使用网络化的教学方式，信息技术在教师和学生之间可以起到情感纽带的作用，促成二者之间进行有效的情感交互。网络教学方式努力让学生成为教学的中心，旨在培养学生自主学习的能力，但对师生间情感上的交流并没有给予应有的重视。尽管网络教学中也非常需要情感的培养和交流，但在实际教学过程中并未发挥这一功能。部分教师很少通过网络去查看并掌握学生自主学习的情况，甚至有的教师从来不通过网络了解学生的情况，在线解答学生问题不积极，对学生通过网络进行学习的情况也无法进行有效反馈。长此以往，学生自然就会产生学习上的孤独感，找不到自己网络学习方面的存在感。有的教师对网络教学的理解并不到位，与学生在网络上的交互也不积极。这样，教师与学生的交互大量减少，就会令学生的学习效果大打折扣，而且也会引起教师与学生关系上的失衡。

信息化教学过程中师生之间的和谐性之所以会受到影响，主要在于：师生之间的理念不同，师生所追求的目标不同，师生之间的地位存在落差，师生之间的交互仍然不足，师生的比例严重失衡，师生之间交流仍不顺畅，等等。我们在这里重点阐述师生比例的问题。在中国的高等教育阶段，英语是一门基础课，教学是大学教师的主要工作任务，大多数高校教师每周的课时都会被安排在十节以上，教师需要面对多个班级的几百名学生，如此大量的学生，让教师和学生之间难得有机会进行情感的交流，也就无法形成亲密的关系。而且师生之间的地位也不平衡，原因在于：一是高校依然有大量传统的大班授课式课堂，在这种课堂上教师是主角，学生扮演的只是被动和服从的角色；二是自古以来中国强调尊敬师长，所以学生习惯了沉默和服从，他们静静地听课、默默地思考，有时候教师即便安排了课堂上的互动活动，学生参与的积极性也很难被调动起来。学生对于教师权威的传统认知，使得他们很难在课堂上建立起一种平等、和谐、平衡的师生关系。关系上的长期失衡，不仅使学生难以提高自身的综合素养，教师的成长也会受到影响。因为教师可以培养学生，学生也会反过来促成教师的成长，这就是我们所说的"教学相长"。生态课堂当中，教师一切的教学活动都是为了促进学生的成长和进步，而且教师也会通过自己的教学实践来获得经验的积累，汲取工作中所需的营养，让自身得以更好地发展和提高。教师的教学水平提高了，就能为学生提供更好的指导，也就形成了良性的循环，可与学生一起营造更好的课堂生态环境。但是现阶段各高校并未对教师进行充分的素养培训，师生的成长并不能与信息技术的进步保持同步,所以师生的共生实现起来就比较困难。

学生之间以及教师之间也有失衡的现象存在,这主要是因为有些教师、有些学生,对大学英语教学中的信息化理解不同、看法不同,所以他们会持有不同的教学态度和学习态度。一部分人会对教学改革给予积极支持并参与其中,而另一部分人对教学改革会消极抵制,不愿意参与其中,这两部分人相互牵制,也会对双方产生影响,阻碍课堂生态的健康发展。

(2)教师与信息技术的失衡

教师以传播知识、转化知识为天职,再将知识用信息的形式传递给学生,在此过程中也会将自身的智能一并教授给学生,信息技术扮演了媒介的角色。教师通过使用各种媒体来传递信息并对它们进行加工处理,从而帮助学生理解教学内容。信息技术力求尽可能全面地提供这些信息,同时原封不动地向学生传达,降低信息流失及程度衰减,帮助教师履行责任与使命——向学生传授知识,并提升其综合能力。这就要求教师与学生之间建立起和谐的师生关系。从理论上讲,在这个过程中,教师和学生的互动应当是和谐的。但是目前这种和谐的关系在高校师生间并不多见,主要问题在于以下几方面。

第一,高校教师的信息化水平有待提高,很多教师还无法对现代化的信息技术进行熟练运用。大学英语教学的信息化改革得到了各方的重视和关注,很多学校都投入了大量资金购置先进的设备,建起了多媒体教室等实践场所。从教育部的统计数据来看,目前各校都建起了自己的校园网,大多数高校建有多媒体教室,拥有自己的教学专用资源库,这个资源库中存储有大学教学题库、电子版教案库、多媒体课件库、多媒体素材库等丰富的教学资源,建有教学资源管理平台的学校比例超过50%。

第二,教师所秉持的传统教学理念,同生态课堂所提倡的教学理论存在着矛盾。生态课堂理论要求学生成为教学的中心,要求师生之间的互动要积极频繁,教师带领学生积极参与课堂的互动活动,也鼓励学生通过自己的努力去探索新知识、发现新问题。但是在实际的教学课堂上,教师仍然占据着教学活动的中心地位,并不重视对网络资源的运用,不善于采用多媒体的教学手段,也不愿意组织学生在课堂上开展语言方面的实践和锻炼,他们的课堂仍然是过去那种大班授课式的,没有按要求将课堂变成一种共建型的课堂。

第三,有的教师过分依赖网络教学,而有的却对网络教学持一种反对和不信任的态度。实际上,信息化教学也和其他事物一样,都具有事物的两面性,这种教学方法既有它的优势,也有其不容忽视的劣势。有些教师认为学生应该有自主学习的意识和能力,他们会把一切责任都归咎于网络,懒于在网络上与学生进行互动;而有的教师会对多媒体课件表现出过分依赖的状态,课堂成了课件的展览厅,整个教学的过程就是一页页机械地翻课件的过程,他们以为这样才能把更多的知识灌输给学生,却不去考虑学生能否接受、吸收和消化这些知识,甚至有的教师已经达到了离开课件都不知道如何上课的程度。出现上述问题,是由于教师过分依赖网络教学及课件,未能充分发挥课堂中教师的真正作用;还有一些教师抵触网络教学,认为这种教学方法不能取得良好的成效,他们不肯在课堂上引进现代信息技术。

(3)学生与信息技术的失衡

在课堂生态中学生的首要身份就是知识的消费者与分解者,他们从教师等信息源接收信息并进行消化吸收,最后通过社会做功的形式,把能量与智能还给社会。因此,课堂教学必须构建一个高效有序的课堂生态系统来促进教学目标的实现,从而保证教学质量和效率的提高。就课堂生态系统而言,信息技术扮演了媒介角色,有助于最大限度地传递信息、传递能量,并以此与学生构建一种融洽的关系。因此,在大学英语教学过程中,应重视对学生运用信息技术能力的培养。在当前大学英语课堂教学过程中,还存在着学生和信息技术不够协调等问题,主要涉及如下两方面的内容。

第一,现代信息技术的普遍应用与一些学生信息能力和素养低下存在矛盾。部分学生对现代信息技术缺少呼应性改变。现代信息技术环境下,大学英语教学模式和教学方法都出现了一定程度的改变。大学英语原本是国家教育主管部门实施的一门精品课程,作为英语教学改革示范基地,高校理应站在教学改革的最前沿,然而,部分大学生缺乏网络学习热情,或用违规手法伪造网络学习记录,不利于教师开展网络教学评价。这些现象都是由于没有充分应用现代化技术而造成的。现代信息技术对于这部分学生来说,根本没有起到其应有的作用,学生和课堂生态环境的相互作用不能正常开展,整个教学系统同样是不平衡的。

第二,学生的学习观念还比较陈旧,学习方法仍然是传统的,这就和现代化信息技术的普及形成了冲突。有学者认为,在计算机运用于英语教学的这场改革中,管理者以及学生、教师落后的观念已经成了一种真实存在的障碍。通过对现代教育的理念进行分析可以看出,现代教育非常关注对学生综合能力的培养,鼓励学生按照自己的意愿去主动、独立地探索新知识。如果按照这个理念,那么网络教学恰好是最适合的教学方式,因为网络上拥有极其丰富的学习资源,也具有非常快捷的传输功能。但在实际的外语教学过程中,还是有学生对网络学习持一种非常消极的态度,之所以会出现这种现象,并不是因为网络上的资源不够、信息量不大,而是他们仍然非常肯定地认为,过去自己采用的学习方法非常有效,所以会从内心排斥通过网络和多媒体去开展外语学习。

(4)教学模式与信息技术的失衡

教学模式是指遵循具体的教学理论逻辑,为了实现具体的教学目标而采取的比较稳定的教学活动结构,其内容包括教学内容、组织形式、教学的方式方法及师生互动过程中所遵循的基本原则等。采取什么样的模式来教学,对"教"与"学"的全过程产生着非常重要的影响。计算机以及网络信息技术的运用,让学习者进行反复语言训练的愿望得以实现,特别是听力和口语练习。网络及多媒体技术可以为学习者提供大量生动而直观的学习资料,如一些音频、视频资料等,所以这种教学模式受到了广泛关注。但是现阶段我国高校外语教学中教学模式和信息技术之间依然存在失衡的问题。究其原因主要有以下两方面。

其一,把传统的教学模式用在了信息技术的环境中。尽管大多数学校都理解开展网络教学的重要性和必要性,也购置了大量的现代化教学设施,建起了先进的多媒体教室,网络化的学习环境是一流的,但是实际教学中很多教师却仍然沿用老的教学模式,并没有对教学方法进行有效的调整,也未能成功地引导学生在网络环境下进行自主学习,没有放手让学生自己去网络上探索知识,独立完成学习任务,而是仍然采用布置作业的传统办法。学生用计算机学习的内容实际上还是教材的网络版本,信息技术的真正作用并没有发挥出来。这种教学方法看似有所创新,实际仍是换汤不换药,学生的学习内容、学习模式并没有发生实质性的改变,因为即便不借助计算机、不连接网络,教师依然可以按照这些内容和方法来对学生开展教学,所以说,这并不是真正意义上的信息化教学,与信息技术的互动也无从谈起了。

其二,虽然有些学校确实推行了信息化的教学模式,但是因为一些特殊原因,技术上的优势并未体现出来。究其原因,一是学生利用网络开展自主学习的能力还远远不够,所以也就无法取得预期的效果;二是教师所采取的教学方法不适当,对学生没有给予及时的指导,也没有通过网络对学生的学习进行有效的监控,与学生之间缺乏必要的情感交互,使得计算机网络教学的成效大打折扣;三是信息化教学自身的局限性很难被避免。

网络教学必须有计算机作为教学工具才能推行,大多数高校的信息化教学也是借助计算机进行的,但是网络的重大作用并未在这种教学模式中得到充分展现,学校和教师只是将计算机的自主学习作为一种课堂教育的补充和辅助,并没有很好地将课堂教学与网络教学进行衔接。这种做法的结果就是现代信息技术与课堂教学之间的关系被人为地割裂开来，它们之间的交互也就发生了断裂，而且这种教学模式未能体现出现代建构主义的学习观，行为主义的色彩过于强烈。

（5）教材与信息技术的失衡

信息技术和教材都是课堂生态中的不同信息类媒介，两者都是教师用来传输知识的工具，它们的职责是相同的，所以相互之间会产生竞争。为了不遭遇恶性竞争，教材和信息技术会刻意根据自身的特长错开发展，使相互间能够互补，以便于形成良性的关系，让课堂生态体系中的教材能够更加立体化发展。

然而现实的情况并不如此理想，很多外语教学平台上的学习内容实际上就是教材的网络版，并没有对教材进行应有的延伸，更欠缺相关的专业知识拓展。甚至有些教学平台的设计还有明显的缺陷，平台上的教材并未与信息技术进行很好的契合。

另外还存在的一个问题是，教材一直被学生和教师视作唯一可以使用的媒介，学生学习知识的渠道被局限于教材。在这种模式下，教材就成了课堂的中心，教学内容一成不变，教学的方式也是老一套，现代化的技术手段无法发挥出应有的作用，教材和信息技术不仅不能做到相辅相成，甚至有可能产生恶性的竞争关系，或者相互排斥、关系失衡。

（6）教室布局与信息技术的失衡

教室布局是指教室的物理环境，包括灯光设计、座位布局、黑板位置、墙壁颜色等。这些因素和同属环境因素的信息技术之间，同样具有相互作用和相互依赖的关系。我们举例来说，多媒体教室大多配置有投影机，幕布与教学内容的颜色要相配，教室的灯光也要适宜，这样学生才能看得清幕布上的内容，而当教师要播放网络上的教学视频时，就需要有音响来配合。所以说，信息技术也需要教室里的其他设施进行配合，要与教室产生有效的交互才能发挥应有的作用。西方教育界曾一度热衷于研究学生的座位同他们课堂表现的关系。生态教学观认为，外语学习是学生所具备的知识、积累的经验同外界客观因素进行交互的过程，在此过程中，现代信息技术应当在课堂教学中发挥应有的便利作用。很多英语教师都会努力让自己的课堂气氛变得生动活泼，也会经常利用视频来开展口语教学，给学生观看视频之后会组织他们分组进行讨论。每当这时，那种传统的教室座位就难以适应信息化教学的要求，不方便学生开展讨论，因为学生无法做到面对面交流。特别是在学生进行口语练习等特殊性的学习时，座位的布局应合理化，要考虑到学生之间是不是会产生影响和干扰。目前我国教室的座位一般都是纵横排列的方式，很少有教师把学生的座位安排成环形、马蹄形或者矩形。传统的座位排列方式不利于学生有效开展口语练习，现代信息技术功能的发挥也会受到影响。

（7）教学内容与信息技术的失衡

生态课堂系统传输的信息就是要传授的教学内容，信息在这个系统中的各个生态主体间进行流通，流通的媒介是教材和网络多媒体，教学内容可以将各个生态因子连接起来。举例来说，教学内容可以被看作需要运送的货物，教师就是发货人，学生就是收货人，信息技术就是运送货物的卡车，教材就是运送货物的那辆平板拖车，网络就如同车辆所行驶的高速公路，这些环节全部要发挥自己的作用，才能完成运输任务。在这个过程中，如果货物在运输的过程中突然有所增加，收货人就会更开心，要是不仅带来了货物，而且还带来了发货人的问候，那么收发货双方的感情就会更加紧密。当下我国高校英语课堂生态仍然存在信息技术和教学内容失衡的问题，教学内容和信息技术并不能做到完全相符。

传统的教材所承载的信息量有限，但现代化的信息技术功能却非常强大，它传输信息的方式更加多样，形象更加生动，速度更为快捷，方式更为直观，所以教师需要对信息的数量和种类进行调整，为学生布置适量自主学习的网络作业。然而在现实的教学过程中，还有一些教师完全依赖于教材，上课习惯于照本宣科，自然收不到良好的教学效果。教师应当通过自己的智慧对各种不同形式的教材进行综合加工，从而形成最适宜的教学内容。师生不仅可以合理利用教材来进行传授式的教学，而且还可以对教材进行加工、选择，使教学过程更加合理。教师应当通过不同的教学活动，重点培养学生自主学习的意识及能力，提升他们自我发现以及知识创新的能力。但是现实的教学情况并不理想，在培养学生能力的过程中，一部分教师并没有对信息技术加以充分利用，教学方式仍然十分单一。

（8）教学评估与信息技术的失衡

在大学英语课堂教学中，教学评估是其中的一个重要环节，当教学评估足够合理、足够有效、足够科学时，就能够将大量的反馈信息提供给师生，让他们分别对自己的教学活动和学习活动及时进行调整。虽然大学英语课堂生态中引进了信息技术，但是实际上很多学校，并没有通过现代化的信息技术来建立多元化的评价体系，因此，就出现了现代信息技术运用同传统的单一评价方式之间的失衡。

一些传统教学方法无法解决的问题，往往现代信息技术能够解决，特别是对学生以及他们的学习情况进行详细记录的难题。网络软件可以将学生学习的全过程详细记录下来，记录的内容包括：学生于何时上网，于何时退网，浏览了哪些具体的网页，在每个网页上停留了多久，习题答案的正确率是多少，等等。教师通过查阅这些数据，就能轻松、准确地获知学生学习的具体情况，得到的反馈信息也十分有价值，根据这些信息，教师可以对教学方案及时进行调整。这种网络平台也可以实现学生对自己的评价、对同学的评价和对教师的评价，这样评价的方式就变得多元化了。但实际上，并没有多少学校真正利用互联网的形式来开展对学生的评估，对学生的评价机制也不健全。原因在于，评价系统的设计还存有缺陷，而且教师一时也难以改变固有的评估习惯，所以各个学校开展评估的情况也不相同，很多学校和教师还是习惯在期末时对学生进行统一的终结性评价，信息技术强大的功能并未得到充分利用。

（9）教学管理与信息技术的失衡

教学管理是指为达到教学目标，根据教学的规律与特征，对教学过程进行综合管理。它包括计划、组织、指挥、控制等内容，是整个学校管理系统的组成部分，也是教育活动不可缺少的重要环节。教学管理可划分为多个层面，本研究所讨论的教学管理，主要是指两级管理：一是管理课堂教学中的教学，属系统内部管理范畴；二是对于课堂教学进行管理，属体系外课堂生态系统管理范畴。本研究将从这两部分入手，探讨在信息化大学英语课堂教学中，如何有效地运用教学管理来促进教学质量的提升。信息化大学英语课堂生态下，教学管理和信息技术协调互动，应体现在两个层面：第一，教学管理有利于充分发挥信息技术的作用，促进课堂生态系统的优化；第二，信息技术有利于教学管理工作的高效开展。前者是指教学管理通过运用各种技术和手段，促使教师能够根据自身的教学情况制定出合理有效的教学策略，从而使学生能够高效地掌握学习内容和技能。管理好课堂教学生态环境可以使教师和学生都获得最大效益，而技术应用于教学系统后又会对教学活动产生积极作用。

失衡现象普遍存在，对英语教学管理的信息化进程产生了阻碍作用，不利于教学改革的推进。主要表现在以下两方面：一是现阶段的教学管理体制还不利于信息技术在课堂教学过程中的推广。以教师工作量的统计为例，大部分高校目前还没有对教师网络教学工作量进行统计的标准以及管理制度，长期以来，有些教师花费大量时间和精力开展的网络教学活动无法得到认可，劳动量也无法得到合理统计，这在很大程度上抑制了教师的积极性。而且大部分学校并没有明确的关于网络学习的制度和规章，比如每周需要上网学习多长时间，网络学习时应当有什么样的纪律要求，对学习的成效有什么样的奖惩措施，对学生的综合评价中网络学习占有什么样的比率，等等。虽然有少部分学校也制定了相关制度，但是执行情况不尽如人意，所以学生的网络学习就容易变得走过场，无法达到预期的效果。二是在教学管理过程中，信息技术的应用水平还比较低。有专业人士指出，英语教学管理的过程，实际上是把现代管理的五大技术综合加以运用的过程。这五大技术包括指挥、组织、控制、计划、协调。但是现阶段我国大学英语教学中的各个管理环节并没有全面运用信息技术，因而信息技术更多的还是体现和运用在学习这个系统当中。尽管管理环节中有少许信息技术的运用，但是设计水平还远远达不到要求，功能也不健全，所以学校和教师使用这种信息化管理手段的积极性并不高。

2. 系统内部营养结构的失衡

如果按照营养学的方法来分析，传统课堂生态当中教师属于生产者，他们所要担负的职责是把从外部世界收集到的一些信息加以转化，在自己的经验、智力基础上创造出适合传授的知识，通过自己的讲授把这些知识传递给学生。在课堂这个生态系统中，学生需要对知识进行分解和消费，把这些知识变成自己的智能，以此为工具服务于社会，为他人提供服务。课堂的生态环境始终影响着信息以及能量的流通。当越来越多的信息技术运用于英语教学活动，学生获取知识的渠道变得更加多样化，不再仅仅局限于教材和教师。当下多媒体和网络不仅为学生建立起了获取信息的快速通道，而且还带来了大量的信息，让学生的知识来源变得丰富。在现代课堂生态系统中，各主体间的交互是多元化的，教师和学生、学生和学生、教师与教师之间都可能产生密切的交互，所以教师也可以消费知识，而学生也有可能成为生产者来生产知识。所以说，在现代生态课堂中大家都有多重身份，教师和学生都可以成为知识的生产者、知识的消费者和知识的分解者。

信息化进程中，系统内部营养结构的失衡表现为输入与输出的失衡。其中有一种失衡就是滥用教学媒体。比如在课堂教学中，教师没有根据实际需要去使用多媒体技术，而是将一些并不需要使用多媒体教学的内容，也全部使用了多媒体手段来开展教学，学生的时间被大量的视频、音频所占用，没有更多的时间和精力去安静地思考，这种做法对培养学生知识建构的能力是不利的。所以说，教学过程中的多媒体手段并不是使用得越多越好。

（二）课堂生态系统功能上的失衡

功能是所有系统自带的。系统是一个整体，这个整体当中的各个元素之间会产生相互的关联、相互的作用、相互的制约，这时候相应的功能就产生了。课堂生态能够对整个结构进行优化，对各种关系进行协调，能够促进演化的过程，还能够通过生态来育人。但在实际教学过程中，这几种功能也会有所衰减，也会出现失衡。

1. 结构优化功能的减弱

系统和集合是不一样的。集合不过是某些零散的人或事物汇集在一起而已；系统则是由某些要素聚合而成的，各要素之间存在着相互作用、相互制约的关系。因此，每个系统内各要素之间都存在某种特定的作用方式和作用力，恰恰是这些要素之间相互作用的力量不断自我调适，最终实现各要素与其他系统组成部分协调相处，使得系统整体进入相对稳定、平衡的状态。自然界的各类生态系统均有这种自组织的能力，最后，牵引系统进入自然平衡的状态。人类社会生态系统也是如此，它通过调节自身的内部结构来实现对系统动态平衡的维持。从社会生态系统来看，由于生态主体的强大能动性，通常情况下会使得系统更快被调节至平衡状态。

通过对系统结构进行观察可以发现，大学英语课堂在信息化推进的过程中，结构优化的功能出现了减弱的现象。大学英语的课堂生态在信息化改革之前尚处于一种相对平衡的稳定状态，而当现代信息技术在大学英语教学中的应用越来越广泛，这种平衡就被打破了。在各种课堂环境因子当中，信息技术这个因子迅速占据了主导地位，它在这个系统中所产生的作用大大超出了系统的自我修复能力，使得其他的要素不得不进行持续的改变。课堂生态系统内部各组成部分的构成比例依然是失衡的，而且系统的自我修复能力已经明显弱化。

2. 关系协调功能的减弱

通过分析可以看出，大学英语课堂生态系统当中的协调功能也有所减弱。我们可以通过以下三个方面来描述这种失衡关系：一是传统的教学理念和新近的改革理念存在失衡现象。很多教学管理者、学生以及教师都习惯于原有的教学观念、学习观念和价值观念，旧的教学理念仍未改变，教师在教学中不善于开展交互，也不习惯采用研究性的学习方法，由此出现各种各样的矛盾。教师会对学生不满，学生也会对教师不满，学生会对课堂环境不满，教师也会对课堂环境不满。在信息化教学改革实行之初，大部分学生对教师的一些教学方法不认同，也难以理解改革初期"教"与"学"中出现的比较混乱的情况。二是改革的大力推进与现实进展缓慢之间的失衡。从上而下推进的这场英语教学信息化改革可以说力度很大、面积很广、决心很坚定，教育部门和改革设计者对教师和学生的信息素养提出了很高要求，但实际上基于多种原因的存在，教师和学生的信息素养并不能完全达到相关要求，理想和现实就出现了差距。比如改革方案要求学生具有很强的自主学习能力，但实际上大部分学生并不能完全达到；改革方案也要求教师具备很高的信息素养，以及推行信息化教学的积极性，而实际上很多教师也一样达不到相应的标准；改革方案要求网络教学系统的设计要科学而完善，但实际运用当中网络教学系统并不能完全达到科学、完善的标准；改革方案还要求教材的内容选择要合理，编写方式要科学，呈现方式要最佳，但实际上，大学的英语教材也不能完全达到这种编制要求。三是教学的输入和输出之间存在失衡的情况。学校投入大量财力、物力购置了先进的设施、设备，投入了大量精力进行教学改革，但实际的改革成效与投入并未成正比。从学生的角度来看，自己通过课堂以及网络对英语学习所投入的时间和精力，与自己综合语言能力的提升效果并不匹配。

但也要指出，上述的这些失衡现象不会同时出现，也不会同时发生在一个学校、一个课堂生态当中。这些失衡的情况有些学校已经发生过了，有的学校正在发生，而有的学校可能未来会遇到。直至今天，这些失衡的问题仍然无法通过系统的自我修复能力来纠偏、来更正。

3. 演化促进功能的减弱

生态系统的几种功能应当是相辅相成的，这几种功能包括优化结构的功能、协调关系的功能、促进演化的功能。只有优化了结构，其他的关系才能够保持协调，系统的演化才能顺利推进。

大学英语课堂教学改革虽然进行了许多年，但是在这一生态系统中关系以及结构上依然存在失衡的情况，所以系统仍然难以维持平衡的状态，系统的演化也难以实现。如果从营养学的角度来分析，因为存在各种关系上的失衡，所以师生间的交互就会出现阻碍，交互减少之后，系统的能量也会因此而减少，内部的驱动力就会显得不足，一些自外部引进的物质流也难以在系统内进行流转，系统仍然会长期处于一种不平衡的状态之中。因此，只有解决好系统内部的动力和驱动问题，才能使系统的演化得以顺利推进。

4. 生态育人功能的欠缺

生态系统最重要的功能就是提高这个系统的实际生产力，而课堂教学也是一个生态系统，它最主要的功能是培养社会需要的人才，其中，大学英语课堂就是为了培养社会需要的英语类人才。在大学英语教学中推进信息化改革，就是为了将大学生态英语课堂变得更具信息功能，培养出更多具有较高综合语言能力的人才,使传统大学英语教学中的一些薄弱之处得到改善,让大学生不再被认为是"高分低能"的群体。虽然近几年"高分低能"的现象有所改观,但是这个系统还未真正调整到平衡状态。本书对多种失衡现象进行了描述,这对我们分析以及研究失衡问题是有帮助的。

二、大学英语课堂教学生态失衡的原因

信息技术运用于英语教学之后,出现了英语课堂生态失衡的情况,具体表现为结构与功能的失衡,这里具体分析产生这种情况的原因。

(一)信息技术的应用与系统整体的失衡

1. 信息技术未能助推耗散结构的形成

在2004年之前,我国的英语教学主要是运用1986年的教学大纲,以及根据这些大纲来编写的几套教材,其中《英语》《大学核心英语》是使用较为广泛的,其以1987年组织的英语四级考试为指挥棒,教师教学主要是为了应对四级考试,学生学习英语也是为了应对四级考试,这已经成为当时教学的常态。

至2004年,课堂生态的内部结构和功能基本上保持稳定,系统处于相对平衡状态。从整体来看,课堂教学结构在一定程度上保持着稳定性和连续性,这就保证了教学目标的顺利实现。但这漫长而平稳的过程导致教师和学生产生惰性,于是有学者提出要改变这一现状,构建新的教学模式。2004年以前,社会对于毕业生的英语能力,特别是听说能力不满,"高分低能"之类的尖锐批评之声不绝于耳。于是教育部在全国范围内开展了以培养学生自主学习为中心的课程改革实验。2004年开始,教育部通过调研,开展信息化背景下的教学改革,这场改革的推动力非常强大,目的是借助信息技术,打破传统的死平衡状态,建构活的平衡,这就是我们说的耗散结构。

何谓耗散结构?可以将其理解为在一定的非平衡状态下,系统经过自组织,脱离平衡区域,由无序状态向有序状态的自发进化。从耗散结构来看,形成宏观有序的状态,起码必须具备三个条件。

首先,系统必须是一个开放系统。

其次,系统必须离开平衡态而进入非线性区域。

最后,系统内部一定有涨落及非线性反馈。

2. 信息技术未能加强协同作用促发突变

现代信息技术在英语教学中的运用,使得课堂生态环境发生了剧烈改变,它

还与系统内其他因子发生相干作用。这种相干作用是相当复杂的，存在同向的作用力，也存在反向的作用力。同向作用力发挥综合协同的作用，反向作用力发挥抵消作用，这些错综复杂的作用力使得系统时而向无序方向演化，时而向有序的方向发展，无序与有序往往是相互转换的。但自信息技术与英语教学融合以来，没有形成这一稳定的局势。从协同论来看，其主要原因是信息技术没有与其他因子达到协同，造成系统向非平衡方向发展，产生了系统突变，形成了一种新型的耗散结构。关于为什么现代信息技术无法强化协同作用的问题，究其原因，无非有二。

第一，现代信息技术没有很大的牵引力，也就是信息技术应用于英语教学的程度不够，所以冲击力弱。

第二，其他因子的同向作用力小，而反向作用力大，最终导致合成的协同作用不够大。

系统产生突变需要在新增的非平衡区形成新的结构，形成一种全新的动态平衡，增加现代信息技术对人才的牵引力，或在外部力量的作用下，使其他生态因子发生变化，使其与现代信息技术同向同行、协同推进。

（二）信息技术的应用与系统局部的失衡

1. 限制因子理论对失衡的诠释

在生态学看来，一种或多种有关的生态因子在接近或者超过某一生物耐受性极限时，就会影响乃至阻碍其存活、生长、繁殖、扩散和分布，这些因素便成了限制因子。在生态系统中，物种间通过相互适应来维持其生活环境。在耐受上、下限附近的狭窄地区称为"耐受区"，两个耐受区之间是最适区，两个耐受区两端有两个不耐受区。

最适区为最适合生物生存与成长的场所，而耐受区对生物的存活与生长有一定的制约作用。生物如果处于不耐受区，其生长便会停止。所以，生物在进入耐受区或不耐受区时，生物和生态因子的关系将处于失调状况，造成系统内部局部不平衡。

教育生态学无论是对个体生态的研究，还是对群体生态的研究，无论是在教育生态中，还是在小系统或大系统中，限制因子明显是客观存在的。这些限制因子之间相互联系并在一定条件下发生作用。以英语课堂生态为例，其内部有多种生态因子，包括课前所产生的情境、课中生成的环境和课后生成的环境，而每一个生态因子均可作为一个限制因子。这些因素共同作用于英语课堂教学，形成了英语课堂的生态结构，也构成了英语教学的生态系统。课堂上的环境因子均会作用于课堂生态主体，但是各因子之间的相互作用总体趋于平稳。因此，课堂中任何一个生态因子的变化，都有可能导致整个课堂教学过程的调整和变革，最终逐步使课堂生态环境趋于平衡。

在信息化语境下，英语生态课堂采用的信息技术逐渐增加，就上网时间来说，有些学校规定学生必须上网进行自主学习超过 2 个小时，这样才能更好地掌握知识、完成复习。学生如果觉得可以接受，那么必然会执行。但是，也有些学校要求学生学习 4 个小时以上，这就让学生觉得很不舒服，他们觉得功课太多，抽不出那么多的时间来。在此背景下，网络学习便演化成了一个系统的限制因子，它深刻影响着学生的学习积极性，影响着师生关系。因此，教师应该根据学生的需求来选择适当教学内容。多媒体课件的运用同样如此，应该坚持适量原则。教师应该尽量利用各种媒体来提高教学效果，让每个学生都能感受到教学过程中的乐趣。

资源并不是越多越好，而应该选择那些适合自己的。信息技术并不是万能的，也不是应用得越多越好，而是需要教师合理地进行选择，不要超越学生承受的范畴，否则就会出现明显的失衡情况。

2. 生态位理论对失衡的诠释

生态位是生态学上的一个重要名词，是物种或种群存在于一个生态系统中所起的作用。在教育领域，生态位也被广泛使用，如生物多样性保护和区域可持续发展等领域都涉及这个概念。教育生态学没有把生态位的研究对象局限于物种或种群，而是考虑各个组成部分及其位置。在生态学看来，如果两个物种或者更多的物种对某一个生态位进行共享的时候，就会出现重叠的情况，这种重叠必然产生竞争。

传统英语课堂生态多年来一直处于平稳运行状态，基本上是相对平衡的，各个系统因子亦有其比较稳定的位置与作用。教师是课堂生态的主体，主要承担传道、授业、解惑的责任，是生态系统中知识的转化者与生产者，是信息输出端，负责制定课堂规则，具有一定的威信，深受学生的尊重。学生在课堂上既可以进行自主学习，又能与其他群体相互交流互动，形成一个有机整体。在课堂生态下，学生是学习的主体，是信息输入端，也是课堂规则的实施者，以及知识的消费者与分解者。师生之间的关系不是单向的而是双向互动的，这种互动关系决定了整个课堂生态环境的和谐性与稳定性。教师与学生主要是通过生态系统中的教与学这一过程，实施面对面的交互活动，进行信息与感情的交流。师生之间存在双向互动机制。教师可以从学生处获得学习方面的反馈，并且对教学进行调整，学生可以接受教师的学业指导。

过去，师生展开教与学活动大多是围绕教材展开的，教学方法也主要是采用语法翻译法，教学手段是黑板、幻灯片等，这就是传统的生态系统，其中各个部分相互作用，维持系统生态平衡。

但是在采用网络教学之后，信息技术强行进入课堂教学之中，并成为其中的主导生态因子，对一些原有的生态因子产生了挤占，因此重叠的现象必然产生，导致系统出现失衡现象。具体来说，有哪些重叠现象呢？主要归纳为如下几点。

第一，和教材的生态位重叠。现代信息技术，如计算机、网络、多媒体的运用，不仅为信息传输提供了更快渠道，而且它自身也是一种强大的信息载体，无论是信息承载还是传输速度均远远高于纸质教材。由此，传统纸质教材在教学中的地位与作用受到了严重削弱。

第二，和教师生态位的重叠。教师一直都是学生获取知识的源泉，当教师选用网络教学之后，学生的知识来源面得以扩大，这就削弱了教师的功能，导致教师的地位逐渐下降。以前，如果学生遇到不懂的问题，就会直接找教师，但是现在，学生都是直接上网搜索。这就导致信息技术与教师生态位的重叠。这种重叠导致教师的教学方式发生了改变，也降低了教师教学的重要性，拔高了学生自主学习的重要性。传统的教学理念、方式等因为竞争的原因发生生态位分离，也就是功能发生改变。以前教师是权威的讲授者，而现在只是助学者；以前课堂教学以教师为中心，现在以学生为中心；以前以"教"为中心，现在以"学"为中心，各生态因子的角色功能都在发生改变。虽然这些改变是一种向好的趋势，但毕竟出现了系统的不平衡特征。

第三，信息技术也挤占了师生之间信息和情感交流的渠道，因此在教育教学中教师应该多使用信息技术辅助学生学习。一方面，因为信息技术的应用，教师与学生的联系进一步增强，但这种联系还无法代替真正的联系；另一方面，信息技术的应用又制约着教师与学生的互动。

3.最适密度原则对失衡的诠释

在自然界中，任何物种都很难单独生存，而是需要与同类物种或者其他物种产生联系，彼此相互制约。但是，种群密度太高或者种群密度太低等都会对其生存发展产生限制。也就是说，只有基于一定的条件，达到适中的密度，才能保证种群的增长速度。

到底多大的班级最好？这要考虑课堂性质与学生情况。一般作为输入型的课堂，需要大的班级；而那些输出型的课堂，班级则要小一些。另外，随着信息化的融入，很多高校展开分类教学，这样可以将兴趣相同的学生分入相同的班级，便于彼此的学习。

第三节 大学英语生态课堂教学模式的构建原则

大学英语教学作为生态系统，一定会有其作为系统的属性，各构成要素之间互相影响、互相作用，一起保持系统的平稳发展。首先，大学英语生态系统要有整体性，注重各个组成部分的有机结合，是系统内部诸因素综合在一起的统一整体。其次，在生态学中，没有哪种生态系统是闭合的，生态系统不停地和外界发生物质、能量的交换，为了获得系统生存与发展的能量，生态系统应具有开放性，大学英语生态系统也应如此。最后，大学英语教学系统不同于自然界中的其他生态系统，其最大的特点应表现为生命性，这并不仅仅因为生态系统自身是生命存在，还因为大学英语生态课堂以有生命者为主体，反映了人与物之间、人与环境之间的内在联系等。因此，大学英语生态化教学过程中，必然会呈现出一些不同于传统课堂教学的独特之处。这些特征既是大学英语课堂教学模式应具有的特征，还应是优化这一模型时应坚持的原则。

一、遵循可持续发展的原则

1987年，世界环境与发展委员会（WCED）在其向联合国提交的报告《我们共同的未来》中，把"可持续发展"定义为"既满足当代人的需要，又不对后代满足其发展需要的能力构成危害的发展"。可持续发展作为一种新的发展观已被广泛接受。它不只是看到了眼前利益，还着眼于未来，不限于人类自身，还重视环境、经济、社会与人的协同和发展，主张建立一个以人为核心，自然－经济－社会复合的生态系统，并且进一步推动该体系持续、稳定、健康发展。因此，"可持续发展理论"被广泛运用到各个领域，成为当代最流行的一种发展观。可持续发展注重持续性、共同性与公平性原则；认为事物在发展过程中，各个阶段相互依存，当前发展为未来奠基，必须确保事情持续性地进行，突出发展的整体性、协调性；强调任何一方的发展变化都会作用于整体，不能因一方的成长，就损害了另一方乃至整体利益；强调各生态主体享有平等权，要相互尊重。

人类社会可持续发展主要依靠生态主体来实现，也就是人的要素。教育是社会大系统中的子系统，肩负着培育生态主体的使命，将对生态主体的理念、素质与行为都产生较大影响。因此，大学英语课程教学应该遵循可持续发展观，促进人与自然和谐相处。大学英语教学作为教育系统的子系统，也应承担起育人的责任，秉持可持续发展理念。大学英语教学生态课堂教学模式是可持续发展的体系，注重让学生掌握终身学习的能力。因此，要达到这一教学目的，就必须把培养大学生自主学习、终身学习的能力放在首要位置。大学英语教学优化必须着眼于人的终身发展，而不仅仅只是为了让学生取得高分，这也就要求我们关注每个人的长远发展。从可持续发展来看，优化大学英语教学，既要实现英语知识的转移和获取，更要对学生的身心健康发展给予关注。所以，大学英语教学应把"健康第一"作为指导思想，将促进大学生身心健康发展放在首要位置，使其身心全面和谐发展。无论是教师还是学生，其成长都不能以牺牲教学环境等因子的利益作为代价，任何因子的欠缺和破坏都可能导致大学英语教学整体上的混乱。所以，大学英语教学要可持续发展，应考虑大局，强调整体效益。

二、遵循生态课堂教学模式整体性的原则

生态世界观强调，世界是有内在联系的有生命的生态系统，它是由事物之间动态性、非线性、永不停息的互动所构成的一个复杂关系网络，是一个有机的整体，无法机械分割。这种整体观在教育领域内得到了越来越广泛的应用。法国思想家埃德加·莫兰也认为，"人们不仅不能把部分孤立于整体，而且也不能使各个部分互相孤立"。他还提出了一种新的教学观——整体性教学观。整体性是生态课堂教学模式的一个最根本、最显著的特点，它是指生态课堂教学模式中各个构成要素之间并非相互独立的，而是有着千丝万缕的联系，它们之间是互相联系、互相制约的关系，共同构成有一定作用的有序整体。因此在构建教学体系时应该将其有机地融合到整个系统中去进行分析研究。与此同时，必须澄清的是，整体的作用并非各个构成要素的简单相加，而是通过各部分有序、有规律地组合在一起而构成的整体具有的作用。

用整体观审视大学英语教学系统会发现，大学英语教学系统以教师、学生为生态主体，多维生态因子与环境之间的影响和作用是相互的，共同构成复杂的、统一的整体。它包括教学目标子系统、教学内容子系统、教学方法子系统、教学管理子系统，以及师生互动子系统五个部分。每一个组成部分都有各自不同的性质与作用，对整个教学系统中不同时空位置所起到的功能也是不一样的，每个因

素并无好坏之分，不能相互代替。教学过程中各个生态因素之间既相互依存又彼此独立。只有各种生态要素协同发展，才能够推动大学英语教学系统整体功能的实现，从而进一步推动全面发展。此外，因为大学英语教学系统中的各个生态因子之间有一定的关联，因而其发展不可能是无限制的，而是受其他因子与环境的影响与制约。因此，要使各个子系统都能健康地向前发展，就必须对这些因素进行协调管理，以保证它们之间的平衡发展。

具体而言，大学英语教学系统的整体性主要体现为以下几个方面：第一，大学英语教学系统的生态主体自身也是有机、系统的整体，表现为"人"的整体性。它包括了教师、学生和社会环境三个要素，三者之间构成一种动态的和谐关系，从而使整个大学英语的教学活动处于有序状态之中，也为高校实现可持续发展提供了动力。这一体系以学生为主要生态主体，大学英语教学不应仅仅注重学生语言知识的获得，更应该将学生视为生命有机体，关注他们在情感、价值观上的成长，给学生以完整的生命教育，这是生态化的大学英语教学的起点与归宿。这就要求教师在教学活动中，要尊重并保护每一位大学生的个性差异与需求，实现整个生态系统的平衡与可持续发展。第二，生态化大学英语教学系统中教师和学生是统一的整体。师生之间通过交流形成一种良性的互动关系。师生关系由传统的教与学、"二元对立"关系向平等对话、互惠互利的生态关系过渡。和谐的课堂氛围有利于提高大学生自主学习的积极性，从而培养他们的创新精神和实践能力。教师的"教"应立足于学生的"学"，教学方法、教学语言的选择，教学手段的取舍都应着眼于学生，尊重学生的生理、心理发展规律；同时，教师在课堂教学中要与学生保持积极互动的状态。由于大学英语课程本身所具备的开放性特点，使得教师与学生之间的互动更加频繁，这就要求我们构建新型的生态型师生关系。只有构建生态型师生关系，教师和学生的整体才能达到最优化，做到师生"共生"。第三，大学英语教学活动中的每一个环节还应是整体的，具体表现为：教学目标的整体性包括知识、技能、方法、情感的培养等，就是要促进学生全面发展；教学内容的整体性既注重课内外、教材和现实的整体衔接，还提倡相邻知识之间或者性质类似的学科之间的融合；教学方式和手段的整体性要求教师采用新的教学方法、手段来提高课堂教学效率，而不是一味地追求单一教学模式。所谓教学评价的整体性，就是将学生作为一个整体来综合评价，不应仅仅就学业或着眼于某一方面进行评价。第四，大学英语课程设置应遵循生态学规律，即从"大"处着眼，从"大"处着手，为大学生提供良好的学习环境和条件，把生态主体和环境作为密不可分的整体来看待。大学英语教师和学习者在学习过程中所处的生态环境，以及由此所引起的心理状态、思维方式、行为模式均受着周围环境的制约。大学英语教学空间环境、文化环境和精神环境，没有一个不是直接和间接地影响着教师和学生的教和学。因此，在设计和构建新的大学英语教学模式时应该充分考虑这些因素。

三、遵循生态课堂教学模式开放性的原则

在大学英语教学中，生态课堂教学模式也并非封闭、孤立地发展，它的开放性有如下几个特点。

第一，生态主体开放。在大学英语教学中，无论是教师还是学生，都是具有一定的知识背景、生活习惯、思维方式的生命体，在不同家庭、社会环境的影响下，形成了生命特征各异的个体，系统内部所具有的开放性，就是针对每一位教师和学生的个性特征而言的。

第二，师生交往关系的开放性。一方面是教师与学生、学生与学生之间的持续沟通和互动，既促进了知识的转移和吸收，并且其还是生态主体之间感情交流、增进师生身心健康发展的重要手段。另一方面是因为教师和学生均带有某种社会属性，生态主体在知识建构过程中，必然还要受到社会因素的制约，并且在和其他生态主体的沟通中达到转移的目的，在某些方面，教师和学生关心的问题已不限于教材了。因此，教师应该以积极的态度来对待生态课堂，使其成为学生学习生活的重要组成部分。

第三，生态课堂教学模式所处环境呈现开放性。它包含着教师、学生以及课堂内外的各种资源要素，这些要素相互关联又相互作用，构成一个开放而复杂的生态系统，共同为构建良好的大学英语教育生态环境提供基础条件。因此，在开放条件下构建大学英语课堂生态教学模式就显得尤为重要。开放的环境也意味着大学英语打破了单一的学科局限，与其他学科、其他领域的知识交流互动、兼容并蓄。因此，大学英语课程改革必须以开放教育思想为指导，树立全新的观念，构建新的课程体系，实现教学内容体系的更新、教学方法手段的改进以及评价机制的完善。

第四，教学过程中教师的作用要发挥出应有的开放程度。教学目标的开放性体现为抛弃单一目标，针对不同的学生水平，设定不同的教学目标，并且也不再是单一的知识目标，而是将学生的感受、价值、意志和其他素质培养包含在内；教学方式的开放，包括教师角色转变和教学方法多样化两个方面，这有利于调动学生学习的积极性，提高课堂教学质量。教学目标根据教师与学生成长的需求而

不断地作出调整。教学方法也应当从封闭型向开放型转变。教学内容开放主要是指开放内容来源。教材已不再是教学内容的唯一来源，特别是在信息技术高度发达的今天，不但极大地丰富了大学英语的教学内容与教学形式，还使得教师与学生成为教学资源的开发者与创造者。同时教师应该积极地为课堂教学营造一个宽松和谐的氛围，让学生能够积极主动地学习。在教学形式方面，也要体现开放性特点，既要求教学形式多样化，也应该建立各种和社会生活有关的教学活动，以增强学生运用语言的能力。

四、遵循生态课堂教学模式动态平衡的原则

生态系统的平衡是指在特定时期、特定情况下，生态系统结构与功能处于一个比较稳定的状态。它既包括了自然系统内部的动态平衡，也包括了外界因素对该生态系统所造成的破坏与改变等方面。当一个比较稳定的生态系统受外界干扰后，它的每一部分都将受到不同程度的影响，出现生态系统结构与功能失调，继而破坏了原来的生态平衡，产生了生态的不平衡。随着社会经济的迅速发展，人们对生态环境问题越来越重视，而人类活动也使得生态系统不断遭到破坏。生态系统具有自组织特征，一旦遭到破坏或扰动，它就能迅速地恢复到原来的动态平衡水平，并不断地向另一层次进行演化与调整。所以，生态系统始终处于一种均衡—失衡—再均衡的发展状态。所谓平衡，是相对而言的，其实质是个动态的发展过程。

就像自然界生态系统中的动态平衡，大学英语生态课堂的教学模式和外部环境，以及大学英语生态课堂教学模式内各个因子间，亦存在着动态的发展关系，经历了一个由平衡走向不平衡的过程，然后是重新平衡的过程，反映了各生态因子力量的消长和均衡，材料、能量及信息的传递和流通。

大学英语教学系统动态平衡，首先应表现为教学和外部环境的均衡。当前大学英语课堂教学中存在着诸多问题，如师资力量不足、教学资源匮乏等。在当前以计算机为依托、以课堂为载体的新教学模式中，学校应在大学英语教学中营造良好的教学支持环境。在硬件方面，应配备大学英语教学所需的各类多媒体网络设备，及时修复、更新，确保学生的自主学习可以不受时间、位置及设备条件的影响，创造良好的环境与条件；要建立一套适合大学英语课程特点的现代化教学管理体制，以适应现代教育发展的需求。在软件方面，应从培养教师和学生正确的信息观念入手，有效提升教师对信息技术的把握与应用，健全教学服务体系等。只有确保好的教学环境、足够的教学资源，才能保证大学英语教学过程的顺利开

展。以强有力的信息技术与资源为支撑，避免大学英语教学系统的封闭性、落后性，可以使整个大学英语教学过程更加顺畅，从而达到更好的教学效果。因此，良好的教学环境和充足的教学资源，可以成为大学英语教师从事教学活动时进行合理规划的基础。相反，如果教学环境不佳，教学服务没有跟上，管理不当，会使大学英语出现滞后问题，不能适应社会进步、学生需求，也不能促进大学英语健康发展，导致教学与环境不平衡。

要想提高教学质量和效率，一方面，必须建立起和谐稳定的高校大学英语教育生态系统。另一方面，大学英语教学系统内的均衡也处于动态发展之中。由于各子系统间存在着相互作用和相互影响的关系。因此，大学英语教学系统必然要经历一个由"弱"到"强"再到"新"的演化过程。它既表现为教学观念和行为、教学内容和实际需求、教师和学生及其他因子相互制约，共同发展，还表现为教学过程中知识和情感之间的沟通和撞击。因此，要保持大学英语教学的良性运转，就要从整体出发，协调好各方面的关系。教学永远是在变化着的，易出现突发状况，需要教师及时做相应调整，这样才能够确保大学英语教学稳定发展。因此，我们要努力构建一个动态生成的课堂教学模式，使之符合社会发展的需求和时代进步的趋势。另外，在教学和交流过程中，各生态主体间不可避免地存在着这样那样的冲突，这就需要教师和学生一起去寻找问题、解决问题，以实现教师与学生之间的协调、统一。不仅如此，生态主体通过学习来建构自己的知识结构、思维结构、精神结构、行为模式以及价值取向，最终形成新的认知结构并转化为自身的能力结构。这个过程既是一个知识继承和发扬的过程，更是一个生态主体的心理和情感发展历程，是自我成长、师生共生的必由之路。

第四节 大学英语生态课堂教学模式的构建策略

一、以人为本，观念先行

优化大学英语教学中生态课堂教学模式，应以坚持可持续发展和整体性为前提，坚持动态平衡原则，关注各生态因子及各因子间的相互关系，多措并举，多管齐下，从各方面推进。这不仅涉及教师教学理念的转变，而且也关系着学生学习方式的变化。在此过程中，观念是突破口，因为人们的行动是在观念的指导下进行的，同一事务在持不同观念的生态主体作用下，会有不同的效果，有的甚至完全相反。因此，优化大学英语教学系统，首先要转变观念。

"以人为本"，重视"人"的能动作用，这是人类、自然、社会、精神诸层面辩证统一的产物。在教育实践中，"以人为本"思想贯穿于教学活动的始终，体现了对受教育者的尊重与关心。教学中的"以人为本"观念强调"以学生为主体"，一切以学生全面发展为本。

在大学英语教学中，要关注学生的可持续发展，首先要帮助他们养成终身学习的欲望与理念。因此，必须把英语作为一门课程来进行教学。为了实现这一目标，英语教学要激发学生内在学习动机。所谓学习动机，是指由学生个人内部推动进行学习活动的过程，一般表现出强烈的求知欲望，例如，对认识世界感兴趣，具备探索事物的好奇心、积极严肃的学习态度和强烈的学习积极性等。因此，对学生而言，英语学习动机就是学习者自身所具有的一种推动学习行为进行的动力机制。内部学习动机对学生产生一定影响，使得学生在学习中具有主动性、创造性，在帮助学生接受知识和学以致用的同时，使学生的学习过程转化为主动探究和享受知识的过程。内部学习动机是生态主体真正意义上的学习之源。

大学英语教学应将教学重点由语言知识点讲解转向教学过程，将终身学习这一思想渗透于学习过程之中，发现学生的学习潜能，有助于学生习得英语学习的方法、策略，发展学生英语学习的可持续发展能力，包括自主学习能力、语言交际能力，并具备一定的信息素养。在这种背景下，教师必须改变传统的教学模式，通过各种教学方式来激发学生的学习动机，调动他们学习英语的积极性和主动性。从教学过程来看，教师可采取的教学方法是多种多样的。因此，在英语教学中应充分重视对学习者学习策略的指导与训练，以增强教学效果。另外在今天这个信息社会中，一定程度的信息素养，也成了学生学习能力中不可忽视的一部分，在海量信息面前，大学英语教师在授课时，要指导学生收集信息、挑选资料、使用资料，只有具备一定的信息素养，合理运用信息技术，才有利于信息技术环境中学生英语学习能力的培养。因此，培养学生获取、处理和运用信息的能力，是当前高校英语教学改革的一项十分重要而紧迫的任务。

学生通过大学英语教学，得到的不只是知识和相应的应用能力，也是提高素质、人格与情感的协同成长过程，是一个完整的人的教育成长历程。因此，大学英语课堂应关注学生的个性差异与学习需求，引导每个学生都能得到充分而有特色的发展。教师在教学中应尊重学生间的差异，兼顾不同学生的个性与兴趣，因势利导，给学生以最大空间，鼓励学生创新，引领学生全面发展。因此，大学英语教学应注重培养学生的自主意识，让每个学生都能得到充分的发展。另外大学英语教师要注重情感因素对教学过程的影响，努力创造一个宽松、融洽的学习氛围，消除学生的焦虑紧张感、师生距离感，构建和谐的师生关系。总之，英语教学是一种复杂而又充满激情的活动。

目前我国大部分高校英语教学还没有真正建立起一套行之有效的、以形成性为导向的评价体系。当今多数高校英语评估模式虽已纳入形成性评估体系，但是，无论从形式、内容还是比例上来看，均不足以改变传统评估模式的缺点。在进行形成性评价时，不只是对学生的平时成绩进行评价，还包括对参与课堂活动的积极程度、测验成绩、作业完成情况、课外表现、组织和参加第二课堂、开展社会英语活动等进行评价；同时还应考虑学生未来职业方向对英语水平提出的要求。采用的评价形式有观察、访谈、互评和自评。另外，把学生在学习中所表现出来的情感、态度、能力、创造性思维等也纳入评价的范畴。这些都是我们实施可持续发展教育必须遵循的原则。在对学生学习成绩给予肯定时，唯有认可学生的人格、专长与创造力，并且给予鼓励，才能够最大限度地促进学生全面发展，培养学生的创新精神。

二、关注学生群体内部的生命成长

在大学英语教学的生态课堂教学模式下，学生是主要的生态主体。学生群体中的个体是否能健康成长，个体间关系能否良性发展，对整个大学英语教学系统优化起着决定性的影响。在学生群体中存在着个体，他们在生活方面是有差异的，学生的出身、性格、兴趣爱好、价值观等各不相同，每一位学生都是与别人不一样的生命个体，又正是由于个体发展水平不同、认知能力有差异、情感态度错落有致，才能让每一位学生都有一个生态位。因此，只有当学生在整体上处于一种动态平衡状态时，才能保证整个生态系统得以健康持续发展。这需要教师注意不同学生所处的生态位，针对不同学生的特点，实行个性化教学策略，有的放矢，才能实现学生个体生态位优化。

同时教师要意识到学生生态位并非固定不变，而是随其他因素或环境的改变而改变，这需要大学英语教师注意学生群体内部之间的相互关系，运用生态位原理，优化群内关系。此外，大学英语课堂上的师生互动对学生生态位具有重要影响，它有助于提高学生生态位的宽度和高度，从而提升他们的学习效率。基于生态位竞争排斥原理（高斯法则），教师可根据教学及学生的特定需求，采取各种措施，促使学生生态位重叠和分化。此外，还必须注意对生态位进行适当调整以避免生态位消失所带来的负面影响。自然界中物种生态位重叠将导致对资源的剧烈争夺，引发资源危机，多数时候对物种或者整个系统发展都不利。所以在一定程度上来说，生态位的重叠能够使生物间的联系更加紧密，从而促使生态系统更稳定。但是，在大学英语教学中，生态课堂的教学模式与自然界中的生态是有区别的，这些教学资源中，有许多都能得到再开发、再利用和再循环。所以，在特定情境下，促使学生生态位重合，有助于学生个体发展，也有助于大学英语教学顺利开展。学生之间相互启发、相互促进，形成新的认知网络，从而增进友谊、丰富学生精神生活。课堂上开展"小组竞争"式教学有利于实现生态位的整合。与此同时，教师还可依据形势与需求采取相关措施，以促进学生生态位分化。英语课堂教学必须重视培养学生的自主创新能力。因为学生终究是一个有自己特色的人，大学英语教学要给学生展示自我的机会和培养兴趣的契机，让学生发挥最大优势，成为有较强竞争力的生命个体。此外，大学生作为一个群体，他们的个性心理特征与其他学生有很大差别，因此要培养出具有较强创新能力的人才，必须以因材施教、因人施教为前提。大学英语教师应努力创设各种条件，帮助学生实现从生物意义上的"我"向文化意义上的"他"转变。大学英语教学可通过开设各种课型，促使学生生态位分化，针对学生兴趣，开设不同的选修课程，给学生营造一个轻松的学习环境，搭建一个广阔的发展平台，让学生发现不同课型下的自己，全面展示自身的天赋，得到自我满足感，从而帮助学生建立自信，帮助他们发现自身的潜能，确定发展目标，促使学生向个性特征明显、创造力强的生命个体转变。

　　大学英语教学对学生群体内生命成长的促进作用，也应促进其"自组织"能力的发展。生态系统自组织意味着系统不会受到外界影响，能通过其内在的各种生态因子的作用，有序调节结构形成的动态过程，也就是说，系统具有自我调节能力。在这个基础上，教师应该根据教学目标对学生进行引导，帮助他们建立合理的认知结构，使之成为有效的学习者，从而实现自身与环境之间的和谐共处。学生个体自身就是生态系统，遇到外来干扰时，学生不会消极地作出回应，而是发挥自我调节作用，进行自我调整。学生作为一个有机整体，在面对外界环境变化时，可以根据自身对事物或问题的认知水平，及时调整行为策略来适应外部环境的变化。面对庞杂的资源，学生能运用自己自组织的技能，排除对知识建构不利的信息，并能将宝贵信息融会贯通于现有知识结构中，对其知识体系进行再构建，教师要创设机会，创造条件，促使学生形成自组织。

　　充分利用"群体效应"，推动学生群体内生命成长。在大学生英语学习过程中，由于教师教学水平的不同，以及师生之间关系的不和谐等因素，导致了学生群体存在明显差异,并由此影响到他们整体上的健康发展。在大学英语学生群体中,存在着正式群体、非正式群体与半正式群体等类型。在教学实践中要注意运用各种策略激发学生学习英语的兴趣,调动他们自主学习的积极性,增强他们与他人合作交流的能力。要想提高大学生的英语水平,必须加强群体内部的合作意识,建立和谐的师生关系。教师在大学英语教学中要充分认识到各学生群体的特点,因势利导,发挥群体凝聚力特征,提倡成员之间互相帮助、互相学习、互相监督等,充分发挥群体的作用。

三、重视群体间的协同进化

大学英语教学过程中存在着不同种间的竞争与合作,这些因素决定了各个子系统在一定时期内的相互协调能力,进而影响到整体生态平衡。大学英语教学作为一个整体体系,只有它里面的各个因素(种群)共同发展,才能实现整个生态系统的平衡与稳定,而大学英语生态课堂模式的优化,必须关注各个因子,也就是种与种之间的相互作用,促使它们协同进化。

在这一体系中,大学英语教师与学生构成了生态的主体,亦为主要群体,所以,一定要处理好这二者的关系,构建生态化师生关系,做到师生共生、协同。所谓共生,就是师生之间互为条件,相互支持,教师和学生双方的任何一个改变,都有可能影响到对方。因此,应本着师生共生的宗旨,构建新型师生关系。在这种理念之下,构建和谐的课堂生态环境成为高校英语教学中亟待解决的问题。在生态学引导下所结成的师生关系,应以民主、平等为原则,加强交往与对话。和谐性要求教学双方应该尊重对方的个性差异和不同需求,并且要相互理解与合作。教师和学生要开展平等对话,通过交流与沟通,发表看法与见解,并且经过共同研究,形成一个全新的视角。在这种情况下,师生可以相互启发和帮助。纵观全过程,教师和学生就是一个整体,学生与教师均有参与表达的权利,拥有同等的地位与权利。学生能够自由地发表个人意见,教师可以对其提出批评建议;教师不再是教学权威,学生成了学习的主人。师生关系要建立在民主基础之上,教师必须具有民主作风。教师与学生互相尊重,互相促进,共同成长。同时,还要注意培养学生良好的心理素质,提高他们的自我调控能力。和谐融洽的师生关系是促进教学双方积极互动、共同进步的重要条件之一。教师在教学时,若精神饱满、情绪高昂,就能感染学生,带动学生,调动学生学习的积极性;反之,如教师情绪不稳定,教学中就会引起学生的倦怠感或者抵触情绪。大学英语教学中学生的精神状态同样影响着教师的教学情绪与教学能力。所以,教师在教学中应充分发挥心灵或感情的功能，建设宽松、民主、平等的心理环境，构建深厚的师生情感，从而促进二者协同进化。

促进种与种之间协同进化，也必须从限制因子中解放出来，力争将限制因子变为非限制因子。高校英语课堂是一个复杂的生态系统，它不仅受多种因素的制约，而且受到一定程度上的人为控制。大学英语教学过程中，一切因子均可能是限制因子，如教室过大或过小等，都将是师生情感构建的限制因子。教师观念陈旧、教学水平较低、信息技术的运用能力较差，都可能对教学的顺利进行产生影响。另外，教学经费不足将是大学英语教学资源环境建设中的一个限制因子；计算机多媒体及其他教学设备更新和维护落后，将是新教学模式实施的限制因子；学生在大学英语学习中若持消极态度、使用不恰当的学习策略等，也都可能成为制约其发展的因素。此外，还有一些其他因子如师资力量不足、教学方法单一等，也是制约高校大学英语课堂教学活动开展的主要因素。很显然在实际教学过程当中，每个因子均可能是大学英语教学中的限制因子。同时，由于各种因素的相互作用，这些限制因子之间又存在着复杂多样的相互联系与转化机制，从而使得它们之间相互影响。在这样的形势下，教师和学生应充分发挥主观能动性，善于发现并分析制约教学与学习的各种因素，加强师生交流与合作，为学生创造各种条件，联合剔除限制因子的影响，优化种间关系，促进大学英语教学动态、良性地发展。

四、发挥信息技术作为主导因子的引领作用

首先，大学英语教学信息化进程要从政策上加大推进力度，使信息技术的引领作用得以有效发挥。外语教学丧失生产活力后一直处于一种"死"平衡状态，该局面在十年前被打破，外语教学的模式得以改变。为了有效推进大学英语的信息化改革进程，教育部门采取了多种措施，出台了有关文件，制定了有关政策。这不但是大学英语教学改革的内在需求，也是教育信息化趋势下的必然要求。不过，这在很大程度上也扰动了课堂生态系统，造成了失衡局面。要想使教学系统新的动态平衡得以实现，耗散结构得以形成，实现远离平衡区域下的课堂生态突变，结合课堂各要素的协同力量，就要趁热打铁，继续采取相关举措来推进信息化教学改革。不过，在改革的过程中，系统又处于一种线性区域的失衡状态，信息技术的引领作用也不易发挥出来。大部分高校不再那么坚持大学英语信息化教学改革的推进，还是因为部分主管领导过度解析系统失衡等教改反馈信息。必须强调的是，失衡也分为不同程度：在接近临界点的区域系统，因协同作用的合力最大化产生突变的结果即为较大程度的失衡；外力作用导致开放系统在线性区域

周围产生有一定幅度的波动即为中等程度的失衡；根据时间的变化在线性区域开放系统取得的近平衡，以及孤立系统临近非动态的平衡即为最低程度的失衡。而平衡是相对的，若要使系统新的平衡得以实现，应当在充分掌握对发展教育产生革命性影响的信息技术基础上，认识到某一阶段产生的中等程度乃至较大程度的失衡是教学系统不可避免的状况，这时候就需要运用外部力量来进行主动干预以及发挥信息技术的引领作用。

其次，信息化教学的深层化、常态化的实现，也是信息技术的引领作用得以有效发挥的必然要求。虽然已经花了十年的时间来推进大学英语信息化教学改革，但信息化教学的表层化、表演化倾向问题，还是出现在部分高校的教学当中。工作推进方法不恰当或者力度小都会导致表层化倾向，它是相对于技术应用的层次、程度来说的。信息技术的重要作用不被充分了解就会出现表演化倾向，成为形式主义，而不是源于教学的生态化、有效性，它是基于动机而言的。如今，信息化外语教学的深层化、常态化的推进，是外语教学信息化实现可持续发展的必然要求。将信息技术有机整合到外语教学中去即为深层化，在时空上信息技术被广泛应用到教学当中即为常态化。为使外语教学的效益、效率以及效果得到提高，重构课堂生态，使之得到促进，在教育技术理论、教育学理论、外语教学理论的环境下将信息技术整合到外语课程当中，实现外语教育技术的转化，在调整课堂生态功能与结构上发挥引领作用，促进英语教学粗放型发展到内涵式发展这一信息化教学模式的转换，是现代信息技术深层化、常态化应用的要求。

五、控制课堂生态中的限制因子

生态学中的耐受性定律认为，任何一个生态因子在数量上或质量上的不足或过多，即当其接近或达到某种生物的耐受限度时，都会影响甚至阻止该种生物的生存、生长、繁殖、扩散和分布，成为生态系统中的限制因子。在课堂生态中，各生态因子之间相互作用，既受系统内其他因子的影响，又反过来影响着其他因子，最终影响到课堂生态主体的成长。这种影响接近或达到课堂生态主体的耐受限度时，则演变成为限制因子，破坏课堂生态的平衡与和谐。要重构外语课堂生态平衡，就必须控制课堂生态中的限制因子。

要控制课堂生态中的限制因子，必须辨识诸多生态因子中谁是真正的限制因子。如何甄别？必须进行有意识的观察，而观察之前要增强如下意识：①每个生态因子都可能演变成为限制因子。②限制因子有别于一般的影响因子，其影响已经接近或达到课堂生态主体的耐受限度。③该因子阻碍了课堂生态主体的成长。

以现代信息技术为例,虽然我们提倡外语教育信息化,但是如果应用不当也会对课堂生态产生负面影响。信息技术在外语教学中的应用存在三种失调现象:低值使用技术(under use of technology)、过度使用技术(over use of technology)、滥用技术(abuse of technology)。可以想象一下,若是某所学校要求学生通过网络来进行自主学习的时间大大高于课堂面授的时间,会造成怎样的结果呢?若是某教师对多媒体教学过分依赖,会导致怎样的结果呢?若是某学生一直将通过大学英语网络来进行自主学习的方式拒之门外,那么该学生的学习效果会产生怎样的变化呢?若是某教师对多媒体教学一直持抗拒态度,这对师生的成长会产生怎样的影响呢?很明显,以上行为会严重阻碍教学活动,会使得教学系统的平衡受到干扰,信息技术在以上情况中反而成了限制因子。别的生态因子也是如此,问题主要还是出在使用的量与度上。例如,组成班级的人数要适量,要适当提高师生的信息素养,要适度使用多媒体课件,要适量开展课堂活动,网络资源、上网学习的时间不能过多也不能过少等。通常而言,系统出现的失衡、失调状况,很可能是受到限制因子的影响,而这正是由于度与量的使用产生了极端性。

要控制课堂生态中的限制因子,关键在于控制该生态因子面临的可能性空间。课堂生态系统中的任何一个生态因子都存在着多种发展的可能性,这种发展变化中各种可能性的集合就称为可能性空间。控制论认为,一切控制过程实际上都是由三个基本环节构成的:①了解事物面临的可能性空间。②在可能性空间中选择某些状态定为调控目标。③控制一些条件,使事物向既定的目标运行或转化。

在收到反馈信息后,进行针对性的调节也是使课堂生态中的限制因子得以控制的方法之一。控制论简单来说就像开汽车一样,往右转动方向盘加以校正是因为行驶方向过于偏左,偏右的话就往左校正,即通过反方向的校正来进行调节、控制,将其运用到课堂生态中来也是一样的。作为施控主体的生态主体主要起调控作用,而作为受控主体,的限制因子起被调控作用。施控主体运用一定的条件,来控制受控主体,是以对受控主体运行的可能性空间分析为前提的。在受控主体提供反馈信息之后,若为负面反馈,让系统运行接近目标就是调控发挥的作用;若为正面反馈,就接近调控目标。外语课堂信息化教学要求师生加强自身的观察能力、分析能力,对限制因子加以预测、发现,再采取调控手段如先分析再进行条件控制,最后根据反馈信息来判断该调控行为的成效。

六、调整课堂生态因子的生态位

生态位理论认为,生态系统中的种群或物种个体都具有自己的生态位,即一定的时空位置和功能，并以此保持系统的正常运行。教育生态学视界中的生态位主体并不局限于种群和物种，而是包括系统的所有组成部分。所以，规则制度、课堂布局、信息技术、教学方法、教材、学生以及教师等这些课堂教学生态中的要素均有其生态位。

七、引导系统各组成部分同步协变

　　课堂生态系统各组成部分比重出现失调，是大学英语课堂生态在信息化语境下产生失衡现象的一大表现。究其原因，还是由于系统内部各组成部分没有同步协变作为主导环节因子的信息技术。在介入信息技术的时候主动干预，采取一切办法来引导系统各组成部分随之改变，是大学英语课堂生态在信息化语境下重构的要求。

　　大学英语课堂是一个微观生态系统，该系统中的生物成分就是教师和学生，包括群体和个体，该系统中的非生物成分就是课堂生态环境，包括课前生成的环境（课堂自然环境、信息媒体环境、师生固有水平等）、课中生成的环境（师生关系、师生课堂态度等）以及课后生成的环境（课堂文化、课堂规章制度等）。当信息技术介入课堂并成为主导环境因子后，由于系统内部各组成部分之间相互作用、相互影响，信息技术能够在一定程度上引领其他生态因子发生同步协变。不过，现代教育技术的发展势头很猛，远远将系统组成部分甩在其后。究其原因，还是因为落后的课堂生态主体观念和不健全的课堂管理机制。沉闷的课堂气氛、较低的学习自主性、没有养成新的教学习惯、角色调整不到位、信息素养有待提高，以及更新缓慢的教学观念等问题是具体表现形式。只有对症下药、解决有关问题、采取对应措施，以及出台有关政策，才能使系统组成部分同步协变的质量、速度得以提高。

　　多个原因可能导致一个同样的问题，所以解决方案就要对症下药，同理，在对系统各组成部分同步协变的引导上，也应具体问题具体分析。比如，导致教学理念更新缓慢的原因有很多：部分教师对适应信息技术发展的教学方法、教学理念的抵制是主观性的，他们即便对现代的先进教育理念有所了解，也不愿意抛弃一些个人的习惯和爱好，也有职业倦怠等问题，要解决该问题，高校可以制定奖惩机制来对这些教师进行约束或者引导；还有部分教师只是由于不够了解现代的先进教育理念，这时候要解决问题就容易得多了，只须为他们提供机会对该领域的专业知识进行培训即可。若是还有角色调整不到位以及缺乏信息素养等问题，也要找到隐藏的原因，制定个性化的解决方案，对症下药。

对缺乏课堂生态主体相关知识，或者相关能力较低问题的重要解决方法就是进行师生培训。各种课堂生态系统相关形式的开展，有助于师生同步协变于信息技术教育。就学生而言，为了使他们对大学英语信息化教学改革的问题、现状、内容、目标以及意图等加以了解，即明确知道自己的行为及其原因，可以在新生入学教育期间，通过开展学前培训的方式让他们了解，为他们对信息化教学的参与更具自觉性和自愿性提供帮助。此外，为使学生的信息化学习能力得到提高，可以通过培训的方式，让其对网络教学平台以及相关学习软件进行了解。就教师而言，为帮助他们对一些教育理念，如混合式学习、研究性学习、个性化教学、生态化教学、人本主义教育思想，以及建构主义教育思想进行学习和掌握，可以通过培训的方式来传授现代教育理念；为帮助他们提高信息素养，学会制作课件、使用网络教学平台、应用计算机网络，可以通过培训的方式来传授现代教育技术。

在系统组成部分同步协变的促进上，还可以采取优化课堂教学环境的方式。学校应统筹考量自身的人力、物力以及财力状况，使其与外语教学信息化的客观需求协调发展。通过近些年的改革，在对一些高校的情况有所了解的同时，相关问题也随之显现出来：部分学校缺乏教学条件，仍有部分教师在进行教学活动时缺乏多媒体设备；部分学校虽然计算机硬件储备丰富，不过在计算机的更新换代方面却缺少财力、政策支持，网络教学也因此受阻；部分学校计算机硬件储备很丰富，却没有安装相应数量的网络教学软件，即学校无法支撑同步的软硬件建设。如此，学生的网络自主学习环境也存在很大问题。

各高校应以主动干预的形式，来调控信息化语境下的课堂生态系统各组成部分，在坚持唯物辩证法观点的基础上，以培训的方式来使师生和信息技术实现同步协变；为使信息化课堂环境得以优化，可以制定适宜的课堂教学规章制度以及奖惩机制。这些举措对恢复课堂生态的平衡、平衡系统各组成部分的构成比重，以及促使系统各组成部分与课堂教学信息化同步协变等方面，都会产生重要作用。

八、重塑互动对话的生态课堂交往

在课堂上，教师要努力保持与课堂环境之间的互动，学生也要像教师一样，积极保持自己与课堂环境的交互关系。外语学习过程也是一个学习者同外部环境发生交互的过程，这个交互过程比较复杂。生态主体之间的交互关系，主要表现为：个体的教师同群体的学生、个体的教师同个体的学生、个体的学生同群体的学生、个体的学生同个体的学生、群体的学生同群体的学生之间的交互。可以说，课堂教学的交互就是各种组成部分间相互作用的复杂系统，这些组成部分包括学生个体、教师个体、学生群体、教师群体、心理环境、教学媒介、物理环境等。这些组成部分间的关系和交互复杂程度越高，系统的稳定性就越强，系统的平衡性也就越好。但是教学改革实行之后，信息技术犹如一股强大的水流注入了传统课堂体系里，这个体系中的各个要素之间的平衡关系就被打破了，系统也就出现了混乱。就拿教师和学生之间的交互来说，在信息化教学改革中，他们之间的交互开始显得不足，交流出现了障碍，原因在于师生的比例不合理，网络教学使得师生之间出现了空间的距离感，师生的教和学的目标不一致，师生的理念有所不同，师生的地位落差明显等。由于教师和学生的信息素养还有待提高，教学理论还相对落后，这与信息技术的推广也产生了矛盾。

如果从学生的角度来分析教学交互的类型以及属性，则涉及以下几方面：选择什么样的交互对象，采取什么样的交互方式，具备什么样的交互动机，产生什么样的交互力量，有什么样的交互愿景，产生了什么样的交互效果等。具体来讲：第一，交互对象。从交互对象来看，可以分为内部交互和外部交互，这是以学生是不是与自己进行交互来区分的。内部交互指的是学生同自己进行的交互。学生本身储备的知识会同外部新吸收进来的知识产生交互的关系，经过交互和转化，这些知识就变成了学习者的内部知识，而学习成效的高低是由内部的交互关系决定的。所谓外部交互就是指学生同自己所掌握的学习资源之间的交互，包括学生与教师之间的交互、学生与所在的学习环境之间的交互。第二，参与的方式。如果按参与方式来划分，交互可以分为直接和间接两种方式。所谓直接交互是指学生亲身参与的交互；所谓间接交互是指没有学生直接参与的交互。第三，交互所产生的动机。交互动机可以分为对抗性交互和合作性交互。第四，交互力量。交互力量可以分为两种：疏于交往的弱交互和密切频繁的强交互。第五，如果按交互的意愿来划分，可分为主动性交互和被动性交互。学生主动、自愿去参与的交互就是主动性交互，学生被动、不情愿去参与的交互就是被动性交互。第六，如果从交互的距离来划分，可分为近距离交互和远距离交互两种交互方式。物理和心理上的距离都可以包括在内。第七，如果从交互的效果上来划分，可以分为正、负两种交互方式。正交互是指当学生同各种因素进行交互时，产生了正向的、利于学生成长的效果；负交互则相反。要想在生态课堂上建立起良性的互动和对话，就要采取多种多样的交互手段和方式，例如，建立起良性生态课堂要借助现代化的信息技术，建立起对互动有利的平台，让学生的交互变得更加主动和积极，让各种交互变得顺畅和便利，让良性的外部交互促进内部交互的进行。高校不仅要重视学生与其他生态要素之间的直接交互,也要发挥间接交互对学生学习的促进作用。

首先,要想让生态课堂的互动对话保持良性状态,就要令课堂交往的动力得以激发,让课堂互动的整体活力得以增强。只有建立起了良性的课堂交往,才能构建起和谐、平衡的课堂生态。所以,应使现代信息技术的优势得到充分体现,课堂生态中的所有组成部分得到共同发展,这样才能令各组成部分间的比重趋于平衡;要重新认识课堂营养结构,调整不合理的结构方式,让信息以及能量的流通变得更加顺畅。如果按照营养的结构来划分,这个系统中的生产者是教师,教师把自身掌握的信息,以及从外部世界收集来的信息进行加工整理、消化转换,通过课堂这个环境传递给学生,学生则对这些信息加以分解、消化以及吸收,并将最后吸收的结果通过一定的方式反馈给教师。生态课堂当中这种交互会更加复杂,教师以及学生是这个生态系统中的不同主体,他们有时是生产知识的主体,有时是消费知识的主体,有时还是分解知识的主体,可以说是"身兼三职"。

其次,要想充分激发学生参与各类课堂活动的积极性和主动性,就要先为他们创造一个友好的物理教学环境。多媒体课件由于具备图文并茂、生动活泼的特点,很大程度上能够吸引学生的注意力,让他们变得愿意参加课堂上的互动活动,这样有利于加强学生与授课教师、与其他同学、与教材、与学习资源之间的交互关系。我们应当多构建一些具有实用性、合理性的教学平台,让学生愿意在这些平台上进行自主学习,通过平台来拉近师生间的心理距离,这样能够提升学生参与交往和互动的主动性。如果能身处一个舒适的课堂环境当中,座位的编排也非常合理,那么学生的交往动力就会不知不觉地得到提升。

最后,提升学生课堂交往主动性的另一个因素是要有良好的人文环境。课堂教学过程中如果建立起了师生间平等、和谐的关系,那么这种良性的关系就会促使学生主动参与到教学交互活动中来,有利于激发学生学习的动力,有利于营造一种教师乐于教学、学生乐于学习、师生间乐于交往的课堂氛围。

另外,课堂交互的另一个原动力就是要有良好的学风和教风。学风和教风对学生和教师群体都有示范带动作用,因为群体都会产生凝聚力,这种凝聚力能够对成员产生吸引力,促进学生和教师朝着良性的方向发展。人类有合群的倾向,当一个人的行动与其他多数人的行动相异时,他会感受到一种来自群体的无形压力,迫使自己采取与多数人相同的行动,这种群体的吸引力称为"群体动力"。

九、恢复信息化课堂的生态功能

系统的结构和功能是统一存在的，正常的系统功能可以稳定系统的结构，而稳定的结构可以充分发挥系统的功能，但是系统的功能比结构更容易受到环境的影响，所以也具有更大的可变性。系统的内部或外部环境变化会对系统结构产生干扰，甚至会削弱系统的功能引起变异。因此，结构和环境共同影响了系统的功能。现代的英语课堂由信息技术作为主导环境因子，给系统的结构带来了非常大的变动，而系统结构的改变也影响了系统内部的各要素，不仅削弱了课堂生态系统促进演化和生态育人的功能，也削弱了课堂生态系统优化结构和调节关系的功能。所以，重新调整系统结构，强化系统功能，优化系统环境，是重新构建大学英语课堂生态信息化的关键。

要使信息化英语课堂的生态功能得到恢复和平衡，就要充分利用失衡系统的自组织能力。外界环境对系统的控制和影响，并不能阻碍系统本身具备的能力。但是，要完成系统的自组织过程需要满足一个前提条件——这必须是一个远离平衡的开放系统。为了满足系统远离平衡这一条件，需要能量通过外部环境不断地向系统输入，使系统和它的元素处于一个非静态的过程。现代信息技术的应用让大学英语课堂满足远离平衡的系统这一条件，如要让系统合力，进入相对平衡的状态，就要保证外语教学信息化的多媒体设施投入使用，让信息技术成为这个环境的主导因子，拉动系统其他部分在这个空间里进行移动。举个例子，当一个教师缺少足够的信息素养，不明白信息化教学的方法，不会使用信息化教学的手段，然而学校提倡信息化教学且学生对于信息化教学十分认可，如果教师此时仍然采取传统方法教学就会影响到教学效果。因此，教师要充分利用多媒体教室，改变教学方法和手段，缓解由于缺乏信息素养造成的与信息化生态课堂之间的矛盾。系统发展的重要机制包括自组织和自我调节这两个过程。自组织过程需要很高的时间成本，需要经历很长的一段时间，所以我们还要通过主动控制和调节来解决教学生态中的失衡问题，不能过于被动。

要恢复英语课堂生态功能和实现英语课堂生态的再平衡需要恢复课堂生态机制。保持和重建理想状态的系统结构和功能是课堂生态机制的主要目标，恢复过程中把调控者设定为课堂生态主体，运用课堂生态系统中一些影响因子的特性，并对这些影响因子进行调控。但是在运用和调控之前，要先了解这些影响因子的特点和作用方式，采取"认知—调控—获取反馈—再调控"的方法，对相应的影响因子采取措施，及时地反馈调控的信息，对调控采取针对性的措施。

调控措施分为补救和预防两个措施：补救措施作为修正措施，一般在系统失衡之后使用；而预防措施则是一种规避措施，要在系统失衡之前主动使用。要使调控达到预期的目标，就要有调控主体的能力，而这些能力需要通过学习来获得和提升，如发现和获取反馈信息、认识和分析影响因子、制订恰当的调控方案、选择适当的调控时机等能力。

当现代信息技术与英语课堂生态达到了完美融合时，课堂生态就发展出了新的结构，这种新的结构通过与环境的交互，充分发挥了调节关系、优化结构和生态育人的功能，而课堂教学与信息技术的结合，给系统内部的失调问题找到了解决方法，如英语教学与教师角色和理念的失调，多媒体教学方式与英语教学效果的失调，学生学习效果、学习能力与英语学习目标的失调，传统评估方式与英语教学目标的失调，新式英语教学模式和传统英语教学模式的失调等。

十、保持课堂生态的活水效应

生态学上将由于生态因子的不断优化或物质能量的不断输入而使生态系统保持动态平衡的现象称为"活水效应"。信息化语境下的英语课堂要达到并维持动态平衡，就必须依靠源源不断的"活水"。这里的"活水"既可以是系统内部各生态因子的优化，也可以是来自系统外部的物质和能量输入。

只有让课堂的生态因子不停地优化，课堂生态才能发挥活水效应。课堂的生态因子不断优化，即教师、学生和课堂环境在不断优化。现在的英语教学充满了信息化气息，教师一定要积极地掌握现代的教学方法，提高自身的教育水平，使用新的教学手法、教学技巧和评估规则。

学生应该增强自身的科学观念，学习现代教育观念，养成良好的学习习惯，不断完善自我，提高自学能力。不仅学生要具备终身学习的意识，教师也应当有终身学习的自觉性。要想营造一个良好的课堂环境，首先就要建立起学生和教师之间和谐的关系，要让课堂气氛更加活跃，班风更加积极向上。只有课堂生态结构得到合理调整，才能为课堂输入新的发展动力，让整体学习系统得到平衡发展。

只有从外部不断输入物质和能量，才可能产生课堂生态的活水效应。课堂生态系统是开放的，其不停与外界环境进行物质和能量的交互。除了教师不停学习新知识外，学生也要在内外环境中进行物质和能量的交互和信息的交换，要不断地掌握新的知识，调整自己的学习态度，培养自己良好的学习习惯，提升自主学习的能力。教育部门重视课堂教学，为教学配备各种系统设备、增加科研经费等，就是外部物质和能量输入的一种体现。这些行为都是为系统注入新鲜"活水",有利于整个系统的平衡发展。

　　只有千方百计地创造各种条件,才能让课堂生态的活水效应得到充分体现,才可以让课堂生态中的物质、能量和信息及时交互。物质、能量和信息在生态系统中的交互会出现富集和降衰现象。富集是指聚集放大的效应,降衰是指逐级递减的效应。比如拿课堂生态中的知识传递来说,教师在课本上学到了知识,然后再教给他的学生,这一知识传递的过程经常会出现降衰现象。说得通俗一点,课本上有十成的知识,教师可能只学到了九成,教师再把知识教给学生,学生最多只能学会八成。如果信息传递中出现了某些阻碍因素,降衰现象就会更加明显。本研究认为,教育生态系统如果呈现降衰情况,能量和物质的传递渠道就会很简单,还会呈现单一的流动,会让信息传递变得很困难,教育生态系统就失去了生机和活力,发展就会更加缓慢。

第五章 基于教育生态化的大学英语教师发展路径

本章探讨基于教育生态化的大学英语教师发展路径，主要介绍了四个方面的内容，分别是教育生态学视域下大学英语教师的生态位现状、新时代影响大学英语教师发展的因素、信息化背景下大学英语教师生态位的重构、教育生态学视域下的大学英语教师专业发展。

第一节 教育生态学视域下大学英语教师的生态位现状

教师在教学中处于主导地位，是教学改革的主要力量，只有他们真正承担起时代赋予他们的使命，找到应该努力的方向，获得钻研所学专业的动机以及投身教育改革实践的信心，并最终用实际行动去贯彻现代教学的思想，教学改革才会大有可为并取得应有的成效。国内一些学者分别从教师团队和个人两个层次上，探讨了关于如何建设大学英语教师队伍，并提出要想让大学英语的教学质量得到提升，就必须构建一支具有高学历、高素质的大学英语教师队伍。这样一支优秀的教师队伍有着合理的组织结构，强悍的业务能力，并且富有活力。在《国家中长期教育改革和发展规划纲要（2010—2020年）》中，也明确提出了严把教师资质关，帮助教师不断提升自身的各项素质，着力培养一支师德高尚、业务精湛、结构合理、充满活力的高素质专业化教师队伍，为大学英语师资队伍的建设指出了一条前进的道路。

随着外语教学改革的深入、教学理念的更新、现代化教育技术的介入以及教育教学环境的变化，传统意义上的传道、授业、解惑的教师角色受到了挑战，大学英语教师的生存状态和发展趋势也受到了极大影响。大学英语教师，作为大学英语教学生态系统中的重要因子，在很大程度上决定着教学质量、整体科研水平、学科发展、学生整体质量。大学英语教师应主动适应大学英语课程体系的新要求，适应信息化环境下大学英语教学发展的需要，不断提高自己的专业水平和教学能力，解构原有的不适应的角色，整合新的教师角色，重构自己的角色体系。本章节梳理了教师角色研究的理论根源，分析了国内外教师角色研究的现状，尝试从生态学视角，借助生态位原理，并以生态位的扩充诠释信息化背景下大学英语教师的地位和作用，以期促进大学英语教师生态位的完善和发展，并在此基础上，进一步提出了生态视角下的大学英语教师专业发展路径。

一、教师角色及相关研究

角色是指与人们的某种社会地位、身份相一致的一整套权利、义务的规范与行为模式，是人们表现出来的一种行为期望，这种期望是针对具有特定身份的个体的。也正是角色所具有的特殊性，构成了社会群体或者组织形成的依据。所谓教师角色，就是在教育系统中，教师涉及的身份、地位、职责及相应的行为模式。这一角色所代表的特殊身份，及其应当遵守的相应行为规范，决定了教师的角色行为必须呈现出有别于其他专业的特征。

有学者从人本主义心理学、建构主义理论以及实用主义理论三个角度梳理了教师角色观，为我们指明了教师角色研究的理论根源。其中，人本主义心理学反对传统的教师角色观，主张以学生为中心、以人的发展为中心。建构主义强调学生是教学实践的主体，教师针对学生对知识的理解能力构建教学模式；教师是学生达到其学习目标的工具之一，教师应该充分地利用环境、技术、技能等方法，帮助学生主动进行意义的建构。著名教育家杜威的实用主义理论强调教师要时常反思自身，尤其是对于自己的教学行为和教学过程这两点，要擅长对各种信息的提供渠道加以利用，让自己在教学实践的过程中不断落实各种教学理论，并且在面对问题时善于从各种角度去分析论证。作为一名专业化的实践者，教师要实现理论与实践两方面的发展。

教师这个角色历来都是学者讨论的焦点，其主要原因是教师在教育教学活动中处在一个十分重要的位置。国外对于教师角色的研究已经逐渐向着系统化发展，他们在这一研究领域的各方面均已收获了不错的成果。我国教师角色的研究虽然起步较晚，但是研究内容颇为丰富。国内对教师角色的研究可以归纳为以下几个方面。

（一）针对某一类型课程教学的教师角色研究

有学者着重探讨了在计算机辅助教学条件下，教师在大学英语写作教学和学习中所扮演的重要角色，教师要努力为学生营造一个建构主义计算机辅助英语写作环境，做一个以学生为主体、以教师为主导的"双主"模式实践者。还有学者从专家、教师、学生三个不同视角，深入探讨了听说课授课教师角色的定位和在不同听说课活动中的角色转换。

（二）自主式课堂教学模式中的教师角色研究

国内学者探讨了自主学习者对教师角色的期待，如希望教师提供咨询建议，将学生对学习的主动性和积极性调动起来，使他们主动地学习。教师还要针对每个学生身上存在的不同来编写个性化的教材，并且要对如何进行自主教学加以研究。

（三）基于现代信息技术的教师角色研究

现代信息技术的发展打破了教师在教学过程中的"权威"地位，信息技术与课程整合也对教师提出了更高的要求。学者们针对网络教学的特点，探讨了教师在网络教学中的角色，认为教师应重视网络教学过程的每个环节，并分别担当起引导者、探索者、讲授者、监督者、操练者、检测者和资源建设者的角色，分析了信息技术与英语课程整合中的教师角色定位及其作用，指出整合中的教师从单一职责的知识传授者转变为一个集学习导引者、学习促进者、学习协作者、资源提供者和课堂管理者等多元角色于一身的教育者。在多媒体网络教学环境下，教师的角色实现了解构和重建，换一种说法就是，教师应该将自己定位成在课前进行课程设计和开发的角色，在课中进行课堂知识讲解和课堂组织的角色，在课后为学生提供各种学习资源并帮助学生消化所学知识的角色。也有学者探讨了基于现代信息技术的大学英语教师生态位建设，指出教师要科学定位信息技术在大学英语教学中的地位，完善信念体系，转变教学观念，加强信息技术培训，提高自身信息技术素养。

（四）教师的角色价值研究

有学者的研究指出，在很长一段时间里，外在的取向是教师这一角色所体现的价值的主要内容。教师对自身职业行为的表现，只能根据社会的规定或者期望进行，教师在教学上的主动性和创造性都在这种处于社会规定或期望的角色中被牢牢地限制了，无法发挥自身潜能。教师只能在专业发展和课程改革的规定和要求下,将自己的定位从"规定"转变为"赢得",也就是说要追求对自身的不断更新。通过对课堂教学实践的本质解读,探讨英语教师的角色张力以及他们在英语课堂上所应起到的核心作用,提出教师在英语课堂教学的复杂情境中所应扮演的是"对话者"角色。

(五)基于课堂生态观的教师角色研究

课堂生态观主张自然、社会和人能够有机地统一在课堂体系之中,并在其中获得和谐的发展,这就是课堂生态观的本质。它不仅仅作为一种理念在课堂中存在,还是一种课程实施策略。在以往的教学活动中,教师总是扮演着在课堂上传授知识、对教材的讲授进行控制、对学生的成绩进行评判的角色。学生也只是被动地接受这一切,但现在这一切都要发生改变。教师不能再继续这样的角色,学生也要更为主动地参与到课堂的活动中,师生之间的互动、交流和影响都是在彼此的信息交流中得以实现的,在这一过程中师生最终实现了相互进步、获得共识,并在共享和共同发展的过程中不断提升自我。

(六)教师角色转向的研究

有学者分析了知识经济冲击下教师角色的困惑,如作为知识传授者角色的动摇、作为教学主体角色的颠覆、作为社会代表者角色的困顿,同时基于后现代知识观的视角指明了教师角色后现代转向的具体方式,如教师角色的知识多元化、教师角色的动态个性化、教师角色的理解交互性、教师角色的创造开放性。

还有学者阐述了后方法时代英语教师的角色。"教学法"这一较为传统的概念,在后方法时代已经逐渐变得不能符合时代的要求。在组织各项教学活动时,人们已不再苦恼用什么样的教学方法来组织各种教学活动,教师在开展教学时应该以实际教学情况为教学依据,以学生的需要为导向,使学生成为教学的主体,教师角色随之转变。教师不只是知识的传递者,还可以充当课堂活动的参与者、对学生的学习效果进行评价的人、教学活动的反思者、营造良好课堂气氛的人、促进意义建构的人等。

纵观国内教师角色研究现状,虽然成果丰硕,但研究也存在着不足之处。大多数研究局限于微观层面,研究范围通常为某一类型的课程,教师的角色效应往往产生在教师、学生和网络多媒体之间。大学英语教学改革使英语教师的角色变得更加多元化,并且给英语教师角色的重新定位提出了更高标准。笔者尝试借用生态位的概念扩充大学英语教师的角色与地位,对大学英语教师生态位进行系统的研究,既关注教师个体,也关注教师与课堂内外教育教学要素之间的相互影响、相互联系和相互作用,既考虑教师自身的内在环境,也考虑教师所处的外在环境,做到主、客观因素兼顾,个体与环境并重,进而促进大学英语教学的生态平衡。

二、大学英语教师生态位

生态学原理已经表明,单一的环境内部是不能供任何一个生态主体生存的,所以生存环境中所表现的多样性特点,取决于生存与环境中生物的多样性。在教育教学生态系统中,每一物种都有着自己独特的生态位,教师的内在环境和学校环境、社会环境共同作用于教师发展,影响和制约着教师的教学行为和教学实践,教师与生态环境因子共同消耗着生态系统中的资源,遵循着物质循环、能量流动和信息传递。

美国学者格林内尔首次使用"生态位"一词,把生态位看成生物在群落中所处的位置和所发挥的功能作用。生态学家哈钦森把生态位看成一个生物单位(个体、种群或物种)生存条件的总集合体,认为一个动物的潜在生态位在某一特定时期是很难被完全占有的。国外还有学者把生态位定义为一个生物在群落和生态系统的位置和状况,而这种位置和状况则决定于该生物的形态适应、生理反应和特有行为。

国内学者认为,某一物种可以在自然生态系统内表现出的时空位置,以及它和有关种群间的功能关系,就是生态位。生态位应包括两方面内容:一方面是生态因子的状态(能量、个体数量、资源占有量、适应能力、智能水平、发展水平等),它代表了以前的成长、学习、在环境中的发展;另一方面是在实际的环境中,生态因子所表现出的实际影响力或支配力,如能量和物质变换的速率、生产力、增长率、占据新生环境的能力。前面一种特点可以认为是生态因子所具备的"态",后面一种特点可以认为是生态因子所具备的"势"。这两方面共同反映了各生态因子的相对位置和功能。

近些年来,在教育学领域,许多学者运用生态位的理念开展对教育现象的全新剖析。教师的生态位在学校这个场域里,是指教师在特定条件或活动环境里获得发展和成长的情形或状态。当教师的生态位在某一时期内存在,这不仅标示着在学校这个大系统中,教师个体或者团体所处的空间在什么位置,而且还标示着教师个体或团体想要获得发展,能够在学校这个系统内部得到何种程度的资源以及能够发挥多大的作用,更能将教师的专业思想、情感、知识和能力的综合状态充分地体现出来。教师生态位研究注重教育教学环境中诸多环境因子对教师的关联作用,填补了教师角色研究中的单一性问题,是教师角色研究的一个补充与发展。基于生态学理论视角,当课堂生态系统各教学要素在生存竞争激烈的生态系统中,能有与之相适应的时间和空间位置,则表明其具有适宜的动态生态位才能与周围环境取得协调。

(一) 大学英语教师生态位的特点

1. 整体性

教师生态位是教师生态系统所表现出来的特有属性,它不是某一生态因子的属性,而是包含两个方面:教师的"态"和教师的"势",但也不等于"态"与"势"之和。"非加和性"是教师生态位整体性研究的重要标志。在教师生态系统中,任何一个生态主体或生态因子出现故障或发生变化,都会影响和引起"态"或"势"的变化,而"态"的不适导致"势"的改变,"势"的改变促进"态"的提升,最终表现为教师生态位整体功能属性的变化。例如,大学英语课程对大学英语教师的科研意识和科研水平提出了要求,使得教师的"态"从教学重心向科研转移,教师的科研能力即查阅科研资料的能力、学术阅读的能力、使用科学研究方法的能力等,都从某种程度上得到了重视和发展,进而教师的"态"转变为教学科研双肩挑,向着教学带动科研、科研促进教学的趋势发展,而这些改变最终引起教师生态位的移动和扩充。教师生态位研究是一个整体性研究,不过分强调某一生态因子的功能,也不割裂教师的内在环境、学校环境和社会环境,而是将与教师相关的所有生物体和生态因子作为一个整体考虑,不仅涉及教师个体,也包括学生、教育管理者和教师团队等群体,还包括各层级生态环境的主要影响因子,不能简化为教师个体的发展。

2. 关联性

大学英语教师身处教育教学生态系统之中,此生态系统由有生命物种(教师、学生、领导和其他教辅人员等)和各层级生态环境(内在环境、学校环境和社会环境)所组成。因此,教师的生存和成长不是孤立的,他/她与系统中其他有生命物种、各层级生态环境因子都有着密切的联系。例如,在教育教学复合生态环境中,教师与学生、同事和领导之间存在着协同共生、竞争、互惠、共赢等多种生态关系,通过"食物链"形成彼此之间复杂的关系网络。同时,教师与环境生态因子之间也不断地进行着信息传递、能量转换和物质循环。教师所处的生态系统是一个开放系统。在此系统中,教师的生存与成长既可以被视为系统的整体形态,也可以被视为教师的个体形态。但无论怎样,它们都直接地与其周围环境(学校生态环境、社会生态环境)发生联系与作用。很多教师生态位失衡的问题原因可能不在教师的内在,也不在校内,而很可能是社会生态环境因子作用的结果。例如,作为社会环境生态因子的国家语言教育政策,它对于教师生态位的影响是十分显著的,有积极的影响,也有消极的影响,这要看教师如何诠释、适应和支配政策带来的冲击和挑战,而且新的政策是否能够顺利、有效地实施,与学校的调配和支持也是息息相关、密不可分的。所以说,教师生态位的关联性强调的就是相互联系和相互作用,即对教师生态位的考察需要一个开放的环境,通过考察不同系统之间、不同层级生态环境之间的关联,寻找影响教师生态位及其发展的生态环境因子、发生原因和教师支配能力。因此,教师的生态位是教师作为生态主体与主体内部、其他生态主体以及各生态环境因子之间相互联系、相互影响和相互作用的共同结果。

(二)大学英语教师生态位的扩充及实现

大学英语教师生态位的扩充,是指大学英语教师为了寻求最佳"态"而发挥最大"势"的过程,是一种主动、自由、全面地实现最大价值的过程,也是教师对周围复合生态环境的适应、改造、支配与超越的过程。教师生态位扩充的内涵主要体现在以下两个方面。

一方面,大学英语教师本身所具备的潜能存在着无限成长的可能性。教师的潜能要想被激发出来,需要在比较良好的环境中才能实现,并且这种潜能的增长势如破竹、不可阻挡;但是如果教师面对着不利的环境,这一潜能就会不同程度地受到环境的制约与影响,甚至最终呈现出弱化、退化乃至消亡的趋势。教师生态位的扩充就是由教师无限增长的潜力所引起的,而教师的潜力所引起的"态"和"势"的增加,则是生态位扩充的本能属性,即教师试图占据更大的生存和发展空间,具有更强的支配环境的能力以及发挥更有效的生态作用。如上所述,在生存资源得到满足或不受任何环境限制的条件下,教师的"态"和"势"将随着时间的推移不断地得到提升,表现为教师个体的成长、适应能力的增加、技能和对环境影响力的不断提高。值得注意的是,教师所处的复合生态环境总是存在着各种各样的环境限制因子。可见,教师"态"与"势"的增长都是有限的,即受到环境影响因子的限制。从生态学的角度来讲,这种扩充方式是从裸地向顶极、由"低态势"向"高态势"的演变过程,是自然界和社会中的生物体都具有的属性,是生命系统所固有的。

另一方面，教师生态位的扩充不仅需要"遗传"，需要适应，更需要不断"变异"。遗传与变异是一种共生现象，两者是对立统一的关系。生物学理论认为，遗传使生物体得以延续，变异则使生物体不断进化。教师生态位扩充的"遗传"与"变异"视角，是指教师需要遗传大学优良的传统与人文精神，遗传真理和独特的学术观点与立场，遗传个性等。这种教师间"发育"相同的性状体现了其生态位扩充的稳定性，但是，这种稳定性是相对的。因为教师的"遗传基因"在世代延绵的长期发展过程中，难免会在此时或彼时因环境因素的影响而发生结构的改变，结构改变了的"遗传基因"使教师不同于改变前的性状，于是出现了变异，让教师不断超越既有、超越现实、超越自身去寻求不同，寻求更好，寻求根本。它使遗传有了新的内容，也使教师的漫长生命连续系统得以持续发展和进化。

根据生态位扩充原理，教师具有无限地扩充其生态位的潜力。但是，鉴于教师所处的复合生态环境的复杂性及生态因子的多样性，生态位扩充过程中需要以下三个方面的共同努力：教师的自身调控、学校科学合理的机制创设以及政府的宏观督导和大力支持。

1. 教师的自身调控

教师作为教育教学生态系统中的生态主体，其生态位的扩充意味着教师个体需要不断地提高自身主体意识和生态意识，加强"势"尤其是对各环境因子的适应能力，充分发挥自身的主观能动性，调节"耐受限度"，通过"融合""改造"，超越自身发展的生态困境，使自己处于最适发展域。

人的意识，即精神的注意和认识，是人脑产生和发出的，能够指挥人体行为的意念、意向、欲望和命令。教师的主体意识就是指教师作为生态主体对自己的地位、权利、价值，以及与其他生态主体、生态因子关系的注意和认识，并以此作为自己的行为准则，进而采取自主的发展行动。教师的主体意识是其生态发展的内在主观动力，能够帮助教师有意识并主动地寻求适合自己的最佳生态位，而漠视或放弃自己的发展权利，或对其他生态主体或生态环境因子的生态"入侵"行为麻木和退让，都是主体意识缺失的表现。主体意识缺乏的直接结果就是教师自主发展动力不足，发展方向不明确，主体行为乏力。

在实践中，一些教师只关注自己的教学工作（课程）和科研工作，而对于国家语言教育政策，学校、学院的发展，学科的建设都漠不关心，即使是对关乎自身利益的政策，或是自己教授课程的专业发展，都表现出不同程度的漠不关心。而且，有些教师视教学及科研任务以外的事务为额外负担，如对国家/学校有关教育教学政策或改革的学习和讨论，学科发展/专业发展的规划和制定，课程设置/课程大纲的制定和讨论，有关人事、评价、分配等制度改革方案的讨论等，他们都放弃了发表自己的看法和意见的权利。这种"放弃"意味着教师忽视自身生态主体的地位，将自己看作生态"局外人"，放弃了自己的主体权利。值得注意的是，主体权利的行使是主体意识的外在表现。主体意识的确立必然具备生态位扩充的潜力。因此，主体权利是教师扩大自己"栖息地"的内在张力。

生态意识是教师主体意识的一种表现。但不同的是，主体意识强调的是教师的主观能动性发挥，生态意识则是教师自身对其他生态主体以及和生态因子之间关系的理解，包括了关注其行为导致的环境变化，关注其所在的生态环境与生态系统，关注能够对生态协调发展产生推动作用，以及能够帮助自己实现可持续性发展的行为自觉。

对于教师而言，生态意识是指教师对其他生态主体（包括学生、同事和领导主体）的存在的意识。上文论述中辨析了教师的人际关系是影响教师生存状态的主要生态因子，那么对于其他生态主体（学生、同事和领导）之间关系的认识是至关重要的。第一，对学生主体生存的理解。教师要尊重学生生理、心理特点，理解学生成长需要，以学生成长为出发点选择教学内容、安排教学活动。另外，教师生态意识也应表现为对学生主体能动性的理解。教师更应该注重引导学生主体作用的发挥，调动他们主动学习行为的积极性，使他们产生自主学习的内在动力，同时增强他们对知识与技能的"生产能力"。这样，他们就由消费者（接受者）变成生产者（创造者）。有了生态意识，教师的自觉行为也就有了"协同共生"的表现。第二，对同事这一主体存在的认可和彼此之间产生的关系的理解。教师要清楚自己身处的"群落"，群落内每个教师都有自己的生态位并且彼此之间产生的生态位是平等的。然而，教师个体在面临工作任务与环境时会遭遇各种各样的约束，而只有那些具有高度内稳态、环境适应性以及能够合理运用环境资源等特征的教师会成长得更为迅速，占有利生态位（优势种）空间大、发展资源多；比较弱小的教师则成为"伴生者"；较多教师游离在群体之外，常被忽视。显然，由于发展程度不同，教师的生态位空间在群落内所构成的角色与作用也是不一样的。

2. 学校科学合理的机制创设

除了教师自身积极主动地调适自我以促进生态位扩充之外，学校作为教师工作和生活的主要场所，也应该有所作为，从外部环境为教师生态位的扩充提供基础和保障，主要体现在学校为教师个体生态位的扩充创设科学合理的机制。

3. 政府的宏观督导和大力支持

政府在教师生态位扩充中起到了宏观调控的作用。在宏观社会生态环境层面下，国家的语言教育政策、时代的要求等生态因子，突出地反映出教师的生存和发展——不仅受到时代更迭和社会发展的影响，也离不开国家政策的保障和支持。

一方面，生态学理论揭示，一切打破原有生态平衡的物种或生态因子都被称为"入侵物种"。从一定意义上来讲，社会需求、国家语言教育政策以及高校实施的教学改革项目等都可被视为"入侵物种"。它们对教师的生存状态和发展趋势进行了干扰，其作用可能是积极的，也可能是消极的。这些"入侵物种"打破了教师原本沿着学科发展的单一渠道，造成了发展过程中的"断层""斑块"和新的发展空间。教师是在"断层""斑块"上发展自身的优势，并发掘新的发展方向，还是被"断层"和"斑块"断开、阻隔而无所适从，当然教师的适应力和支配力会在其中发挥作用，但最主要的还要看政府的宏观调控。国家语言教育政策和教学改革首先直接作用于学校，间接作用于教师个体。如果一味地"社会需要什么，国家政策和改革要求什么，学校就教什么"，这样作出简单而机械的理解，结果就是教育政策和改革措施不断更新，课程体系处于变动状态，而教师需要持续不断地适应新课程、开发新课件。在这样推陈出新的频度下，教师没有充足的"进化/演化"时间，更别提详细了解和深入理解新的课程体系和人才培养目标了。教师盲目地改变着，完全受控于政策、改革乃至学校行政部门的指挥。这无疑损害了教师生存和发展的生态环境，也对教师的发展能力起到了消极的破坏作用，使得教师群体的整体适合度降低，教师生态位处于失衡状态。因此，国家和社会层面的因素入侵干扰应该考虑到教师群体的耐受限度，要把"入侵干扰"控制在激发教师内在发展动力、增加教师发展多样性的范围内，无论针对学校还是针对教师群体，政府都要进行一定的宏观调控，变消极为积极，而不是采用强烈的、大频度的破坏性"入侵干扰"。

另一方面，现行的大学英语教师培训大多是针对教师业务的技能培训，由政府部门负责，通常名额有限，按照学校规模分配受训名额。这类培训千篇一律，缺乏体系，与教学实践脱节，忽视教师主体性，不能较好地满足大学英语教师生态位发展和扩充的需要。因此，针对教师培训的改革势在必行。首先，教师培养本土化。政府在宏观上进行调控，放权给高校，使学校成为教师生态发展的真正主体。各学校成立教师生态发展中心，根据各学校特点、发展重点和发展方向，制定教师发展的培养方案，并监督指导。这样的培训模式有利于保持英语学科的基础性和应用性,并且突出了校本的特色课程以及"英语+专业"的特点,实现学科的交叉与融合。而政府的角色就是做好宏观调控,并投入一定的经费给予支持。其次,政策咨询与督导。学校设立相关政策咨询与督导机构,组织聘请一批外语学科及教育学的专家和学者,不间断地跟踪调研大学英语教师的教学、科研、发展情况,定时作出评估,及时给予反馈,并提供专业指导;同时,向政府决策者提供第一手调研信息,以保证大学英语教师生态发展政策的持续性和延续性。

大学英语教师生态位扩充是教育教学系统进化发展的内在动力。对教师"态"与"势"的演变规律的研究,为教师生态位的扩充打下了坚实的基础。因此,本节首先重点讨论了教师"态"与"势"的辩证关系,提出教师利用"态"增长"势",也通过"势"扩张"态",它们相辅相成,共同推进生态位的扩充,而生态位的扩充就是为了更加接近理想生态位。本节还归纳总结了教师生态位的四大特点,即整体性、关联性、动态性和平衡性。其特点显示,教师生态位研究是一个整体研究,包括教师自身、其他生物主体(学生、同事、领导和教辅人员等)、生态环境因子等。它们之间存在着相互影响、相互作用的关系,且随着环境的变化而发生着改变。教师的"态"与"势"的发展,依赖于教师与这些生态主体和生态因子的平衡关系。可见,教师生态位的扩充不仅仅是"态"与"势"的简单增加,它是相对于所处环境总量的综合作用。因此,生态位的扩充有赖于三个方面的共同努力,即教师的自身调控、学校科学合理的机制创设以及政府的宏观督导和大力支持,其中涉及了教师主体意识和生态意识的提升,教师"势"的增长,教师耐受限度的调整,学校生态意识、组织管理制度和评价激励制度的调整,以及政府宏观层面对教师培训的支持等。

第二节 新时代影响大学英语教师发展的因素

自我效能感、群体效能感以及职业幸福感等因素都可能影响到英语教师的发展。展开分析这些影响英语教师发展的因素,并实施对应的策略,能够使教师的教学能力得到有效提升。

一、自我效能感

自我效能感作为一个概念,是在1977年由美国心理学家班杜拉提出的。班杜拉在其总结的社会认知理论中指出,在一些特定的情形或环境中,个人对于某些行为是具备相应的能力来完成的。它包含结果期望和效能期望两部分。

（一）对英语教师自我效能感的相关研究

教师自己判断出自身在面对各种教育工作时能否成功胜任，在培养学习者时能否有效提升其学习能力，这就是教师的自我效能感。这种能力能够激发教师自身对自我发展和工作动机的内在驱动力，也能够作为一项中介因素来影响教师的教育行为与教育效果，能够对教师的身心健康和个人幸福产生重要影响。

1. 国外的研究情况

有学者认为，教师的自我效能感不仅与教师的教育教学行为、学习者的学业成绩和人格形成之间存在着密切关系，也与教师对学习者的控制信念、对职业的满意程度以及上级主管对教师能力的评价等因素有关，并总结了具有不同自我效能教师的特征，如表5-1所示。

表5-1 不同自我效能教师所具有的特征

项目	高效能教师	低效能教师
个人成就感	认为和学习者一起活动是重要的	对教学感到沮丧
对学习者行为和成就的正向期望	期望学习者进步	预期学习者失败
对学习者学习的个人责任	认为教师应对学习者的学习负责；学习者学习失败时，会检讨自己的教学行为	认为学习者应对学习负责；学习者学习失败时，会从学习者方面找原因
实现目标的策略	为学习者学习制订计划，设定师生目标；确立实现目标的有效教学策略	缺乏目标；充满不确定性；缺乏计划
正向的影响	对教学、自身、学习者感到愉快	对教学有挫折感；对自身和学习者有负面情感
控制感	相信能够影响学习者学习	教学具有无力感
师生共同的目标感	师生共同参与，实现目标	师生目标对立，而且关注焦点不同
民主式的决定	允许学习者参与有关实现目标和学习策略的决定	教师自行决定实现目标和学习策略，不让学习者参与

有学者对委内瑞拉中学英语教师的自我效能感进行了调查研究。结果显示，教师在听、说、读、写等方面的语言技能水平越高，其自我教学效能感越高。换句话说，教学效能感与英语教师的语言水平之间呈一种正相关的关系。

另外有学者研究了32名英语职前教师的自我效能感，发现通过同伴互助可以显著提高职前教师的自我效能感。教师自我效能感的高低受到其所处社会文化背景的影响，不同国家的教师自我效能感不同。自我效能感更高的英语教师，倾向于使用以交际为目的的语言教学方法，更关注语言的意义而非语言的形式。有学者研究了土耳其54名中小学英语教师的自我效能感现状，指出英语教师对教学策略与技巧的自我效能感，高于课堂管理和学习者参与，自我效能感与语言基本技能呈正相关关系。

2. 国内的研究情况

对我国绝大部分非本族语者的英语教师来说，英语既是教学内容，又是教学工具，因此对我国英语教师的自我效能感进行研究意义重大。

我国对教师自我效能感最早的研究是对国外教师自我效能感研究的评价，并认为自我效能感高的教师在课堂上提问较多，多用参考性、开放性问题，并善于反思和协商。

一些学者主动地探究了英语教师自我效能感，认为整个社会的英语教学水平都会受到英语教师自我效能感的影响。教师具有较高的自我效能感还能促进学生在学习中获得进步，维护教师的身心健康以及推进英语教师自身的专业化发展。然而当前部分英语教师缺乏良好的自我效能感，没有达到较高的专业化水平，教师自我效能感的有效提升，需要从教师个人、学校和社会各方面入手，并进一步促进其专业化发展。

由此可见，我国英语教师自我效能感的研究内容，大部分为英语教师自我效能感与语言技能的关系，并且研究者普遍认为英语教师语言技能的高低与教师自我效能感呈正相关关系。我国英语教师自我效能感的研究内容的小部分是英语教师自我效能感与课堂教学行为之间的关系，研究者肯定了高自我效能感对教师教学行为的积极作用。

概括来说，我国关于英语教师自我效能感的研究仍存在一些不足之处，主要体现在以下几个方面。

第一，从研究方法来看，多采用量化研究，通过问卷调查来收集数据，数据采集方法局限化，妨碍了对教师发展领域的深度研究。

第二，大部分研究的问卷几乎都是直接采用吉布森和登博于1984年编制的教师效能感量表（Teacher Efficacy Scale，TES），很少考虑到我国的社会文化背景及不同国家的英语教学实际情况。

第三，大部分学者过于关注英语教师的自我效能感与语言水平之间的关系，并未深入探讨教师自我效能感的构建过程，因此无法得出全面的结论。

（二）英语教师自我效能感的影响因素

国内研究者认为，影响教师自我效能感的因素，包括教师的主观因素（价值观和自我概念等）和外部客观环境（社会文化环境、学校环境、人际关系、师生关系、教师学历与个人特征等）。其中，教师的主观因素是影响教师自我效能感的关键。英语教师作为教师群体的一个重要组成部分，其自我效能感同样受上述因素的影响。

1. 学校环境

学校是促进教师成长和发展的大本营，教师的态度与行为也会受到学校整体氛围的影响。教师自我效能感会受到学校的文化氛围、师生关系、校领导的风格，以及相关的促进教师职业发展的规章制度等的影响。比如学校的教学设备不够完善，教师在教学活动中产生过大的工作压力等，都可能给教师自我效能感带来负面影响，而教师自我效能感的发展和提高，则可以通过班级人数的减少和师生之间产生良好的互动来实现。

2. 社会文化

教师的自我效能感在受到更多的社会支持和鼓励的情形下会得到更好发展，教师在开展教学时也能够更加安心、从容和自信。近年来，我国不断加快改革开放步伐和国际化进程，因此，英语在教学中的地位越来越高，英语教师的价值在社会层面上和个人体现上得到了彰显，自我效能感得到持续增强。另外，学习者自身所处的社会背景，父母给予学习者的期望，父母对于学习者学习的态度，以及学校与学习者和家长交流的方式等因素，会对教师自我效能感产生间接作用。

3. 自我能力和自我经验

教学能力强的教师可以自我肯定，授课驾轻就熟，自我效能感较高；而教研能力较弱的教师则充满各种恐慌，自我效能感较低。同样，各种成功的经验能够让教师更加自信，自我效能感增强；与自己水平相仿的同事的成功也可以作为间接经验，增强教师的信心，提高其自我效能感；此外，教师若善于将失败归因于自己的努力不足而非其他客观原因，也会在一定程度上提高自我效能感。

4.教师学历和教龄

教师的学历和教龄是影响教师自我效能感的重要个人因素。学历因素是独立影响教师自我效能感的唯一教师特征变量，学历较高的教师自我效能感更强。教龄对教师的一般教育效能感和个人教学效能感有不同影响。随着教龄的增加，教师的一般教育效能感呈下降趋势，而个人教学效能感则表现出上升的倾向。

二、群体效能感

英语教学改革和课程的深化，使教师的专业发展从个人层面向职业群体专业化的方向发展。班杜拉最早开始研究教师的群体效能感，他研究了79所小学的教师，发现根据学习者家庭的社会经济背景、教师的教学资历以及教师的群体效能感可以较好地预测学习者的在校学习成绩。对于教师来说，个人在其所处团队中也会逐渐形成共同的思维方式、价值取向和行为模式。因此，为促进教师的专业发展，必须重视教师群体效能感。

教师的群体效能感是由教师信念相互影响而形成的一种组织文化。虽然我国个人内敛和自修等文化取向以及文人相轻等心理阻碍着教师群体效能感的发展，但从教育活动以及教师职业的社会属性来看，教师个体不可避免地具有群体属性，教师是无法独立于他人或文化情境的。通过与学校教师群体成员的沟通，教师可以厘清和建构自己的教学观念，并在与他人的合作中实现自身的专业发展。英语教师群体效能感的研究意义主要表现在以下几个方面。

（一）有助于英语教师的自身专业发展

我国英语教学改革的深入发展，使得高素质英语教师的需求日益增大。英语教师的专业素质是教育改革成功与否的关键。英语教师在进行职前教师培训时，已掌握了英语类显性知识，而课堂教学的实践经验，则需要教师在长期的课堂情境中逐步积累。获取实践性知识最有效的途径是教师之间的交流。可见，基于同伴互助合作交流的教师群体效能感，是促进教师自身专业化发展的重要途径之一。国外研究表明教师在执教数月后，其态度与同事的相似性大大提升，学校的管理者、同事及学习者都是教师职业社会化的重要影响因素。

（二）有助于英语教师群体的成长

同事是合作的伙伴，教师之间应是相互学习并共同提高的伙伴关系。英语教师的群体合作为教师之间的相互交流提供了平台，具有不同智慧水平、知识结构、思维方式、认知风格的英语教师们通过表达、分享、协作等方式，把自己的教学和科研知识、体验与其他教师分享，既能使其他教师受到启发，同时也能弥补自己的不足，实现经验利用的最大化。

当教师群体在整体上合理搭配时，就汇聚成共同的方向，显示出不断优化的趋势。教师个体在群体中取长补短；同时，教师个体不断碰撞出的新知识又带动着整个群体的更新，这使得教师群体始终处于平衡发展的动态中，最终实现共同发展。

（三）有助于学校的持续发展

高等教育是一个以知识活动为主要特征的社会系统，在高等教育系统内部，知识被发现、保存、完善、传递和应用，围绕知识运行是高等教育系统的主要特征。积极的教师群体效能感和卓越的教师群体是高等教育体系发展的决定性因素，因此，构建良好的教师发展群体对其建设和发展至关重要。

学校管理者从生存人、职业人和事业人三个角度来看待教师这一群体，切实把握教师资源特点和群体需求，针对性地构建更为人性化的教师管理机制，激发教师的群体效能感，保证学校发展的生机和活力。

三、职业幸福感

教师的职业幸福感是教师基于对幸福的正确认识，为了实现职业理想，在教学岗位上产生的一种满足、愉悦的生存状态。

（一）对英语教师职业幸福感的相关研究

1. 国外的相关研究

关于幸福感的研究兴起于20世纪50年代的美国。1967年心理学家威尔逊在《自称幸福的相关因素》一文中，首次评述了他对幸福感的研究，也拉开了对幸福感理论及实证研究的序幕。

国外关于教师幸福感的研究进行得较早，成果也较为丰富。国外学者把影响教师职业幸福感的主要因素归纳如下。

第一，教师的自身特征和外部环境的相互作用。

第二，教师的可控因素，如教研过程中的成就感、学习者的进步、教师在课堂上的角色和责任等。

第三，不受教师控制的因素，如学校的管理制度和风格、教师的工作量和工作条件以及薪资待遇等。

2. 国内的相关研究

在国内，叶澜教授的《让课堂焕发出生命的活力》，开启了我国教师职业幸福感的研究领域。还有学者分析了影响女教师职业幸福感的因素，提出了促进女教师职业幸福感发展的有效途径，并指出在自身和外界的压力下英语女教师的职业幸福感不断流失。研究者以138名英语教师为研究对象，采用熟手型英语教师胜任力测评问卷和综合幸福感问卷，探讨了英语教师的专业发展和幸福感的相关性，发现英语教师的专业发展情况整体良好，英语教师专业发展水平与幸福感之间呈显著正相关关系。

另外有学者对我国近年来发表的48篇有关教师幸福感的量化研究文献进行了分析，指出了现有研究中存在的对教师幸福感的认识缺乏完整性、研究较多使用国外测量工具，以及研究存在诸多局限性等问题，最后表达了应编制出适合中国国情的教师幸福感量表和不能以偏概全地进行教师全体的幸福感研究。

（二）英语教师职业幸福感的影响因素

教师这一职业显得崇高而神圣，但不少相关研究也发现许多教师在从教多年以后，职业幸福感逐渐消失，甚至产生了职业倦怠感。

1. 个人因素

自扩招以来，师资短缺，大量的新手教师充斥着英语教师队伍。因此，在以青年教师为主的英语教师队伍中，存在着平均学历、资历和职称较低的现实问题，在专业发展方面受到诸如进修机会少、课题申请困难、科研经费不足等限制。

另外，新手教师所具备的知识大都是理论的，缺乏具体经验作为支撑，因此在教学理论、教学实践、师德培养等方面都与成熟教师存在差距。但过于繁重的教学任务、不断变革的教学观念和课题模式，以及职称、家庭和健康等方面的压力，又使新手英语教师无暇顾及自身的专业发展，他们把教学工作作为"谋生手段"，消极地、无创造性地重复每天的教学工作，身体和心理一直处于疲倦和压力之中，工作满意度和职业幸福感降低。

马斯洛的需要层次理论指出，人是在满足物质需要后，才会寻求高级需要的满足。因此，教师的职业幸福感也要有充分的物质条件做保障。虽然国家已经出台了一系列旨在提高教师待遇的政策法规，但总体上看教师的薪酬与付出已远不成比例，这挫伤了教师的工作积极性，降低了教师的职业幸福感。

2.学校管理因素

我国社会主义市场经济的转型所导致的急功近利心态影响了教育领域。在学校管理方面，学校的规章制度复杂，教师除了要完成常规的课堂教学外，还要疲于应付各种比赛、考核和评比。原本旨在激励教师的考核成为束缚教师发展的桎梏，使得教师难以平静地追求工作的内在价值。

职称评比、绩效评估、奖金分发等方面的不平等，导致教师缺乏工作动力。在教师评价方面，评价标准比较单一，评价体系不完善。在教学氛围方面，有些学校的领导、教师和学习者间缺乏良好的人际关系，致使教师每天都生活在紧张的工作环境中，一定程度上，感受不到人与人之间的友谊以及教育事业所带来的快乐。

学校对英语教师的期望值高，但却没有为其提供更好的发展平台，在缺乏资源和环境支持的氛围下，教师的消极情绪得不到合理宣泄，职业倦怠感滋生，职业幸福感逐渐减退。

3.社会因素

教师职业的神圣无形中给教师带来一种心理强势，管理者、学习者、家长以及社会对教师的期望越来越理想化，迫使教师谨慎地维护着社会设定的幸福标准。在"科教兴国"的背景下，教师的社会地位和职业声望不断提升，职业身份有一种自觉的认可度，但同时社会对英语教学的过高期望，以及付出与得到的失衡，都给教师带来了巨大的精神压力，这在很大程度上影响了教师的职业幸福感。

第三节　信息化背景下大学英语教师生态位的重构

一、信息化背景下大学英语教师生态位解读

生态学研究表明，任何生物都有无限地扩充其生态位的潜力，试图占据更大的生存和发展空间，发挥更大的生态作用。生态位的扩充是生态系统发展的动力和本质属性。外语教学生态系统中的教师因子也具有扩充其生态位的潜力，他们试图占据更大的生存空间，产生更大的作用和影响。只有找到其合适的生态位，并利用自身优势进行生态位的扩充，大学英语教师才可以在竞争中占据优势，实现与其他因子的共存和发展，逐渐构建一个可持续发展的大学英语教学生态系统。

有学者探讨了网络教育生态系统中的教师生态位，指出教师需要根据网络学

习特点并针对网络学习环境，转换自身角色，对学生进行学业上的指导和心理上的疏导。还有学者探讨了"慕课"背景下，对大学英语教师角色进行解构和重建的必要性，认为教师应成为学习资源的整合者、学习过程的引导者和评价体系中的次要评价者；并探讨了大学英语教师人际生态位的几组主要关系（教师与学生的关系、教师与同事的关系、教师与行政管理人员的关系），指出如果教师不能与学生和平相处、与同事间缺乏交流与合作、与管理者疏离等，都会破坏教师人际关系的平衡，应该说，"关系"的失衡导致教师生态位的偏离，是教师保持良好生态位的限制因子。

综观以上研究，可以看出信息化背景下的大学英语教学正发生着深刻变化，教师的权威地位日趋弱化、师生关系日趋平等，这一系列的变化最终引起大学英语教学系统的整体变革。要顺应这种变革，就要将大学英语教学系统视为一个整体，一个各要素相互制约、相互依存的生态系统。要保障信息化背景下大学英语生态系统的健康运转，就要对大学英语教学生态系统进行重构，而重构的关键在于对大学英语教师的角色进行重新定位。教师只有在该系统中拥有适合其生存的生态位，只有在适当的位置上，才能起到应有的作用。因而，为了改善大学英语教师生态位失调的现象，我们要积极落实大学英语教师生态位建设，对大学英语教师生态位进行调整和扩充。教师生态位的扩充是教师发展的本能属性，是教育生态系统演变的动力。大学英语教师生态位扩充就是要正视大学英语教师的生态位发生的"态"和"势"的变化，就是教师自身"态"与"势"的增加。

（一）价值引导者

教学是一种价值引导，是蕴涵着教师的主观意趣的引导活动，这种主观意趣体现了教师的价值选择和价值预设，诸如对知识价值的认识，对社会、人生、理想、生活等基本概念和重大问题的理解等。现代信息技术支持下的大学英语教学系统在拥有海量信息资源的同时，也存在信息良莠不齐的问题，有的信息甚至带有片面性和误导性，教师在知识传播过程中要引导学生站在客观的立场对知识进行过滤、变通与重组，引导学生理解学习的意义和价值。同时，大学英语教师还要注重培养学生的多元文化理解能力及沟通能力，辩证地厘清全球化文化与本民族文化的关系，建立多向互动机制，将本土文化导入英语课堂，形成中国文化导入英语课堂的生态圈，构建共生与互补、多样与统一的生态机制，创建多向互动的活力生态课堂。

（二）学习环境营造者

优良的学习环境和氛围对于激发学生的学习动力、促进学生有效学习并获得良好的教学效果是十分重要的。有研究显示，学生们期待教师能够为他们创造一种良好的学习环境，这种环境包括为学生设定适当的学习目标、提供丰富的学习资源，以及能够使自主学习在课后延伸下去的后续支援学习材料与学习活动等。因而，教师应根据特定人才培养目标，创设有利于促进学生自主学习的、丰富的、支持性的、挑战性的课堂教学情境，并根据学习内容和学习者的特征精心选择、设计、组织和传递学习资源，组织主题学习活动，提供新旧知识之间、理论与实践之间联系的线索，促进意义的主动建构，促进知识向真实生活情境转化，使学生在解决真实问题的过程中有机会生成问题，提出相关假设，进而解决问题，培养学生发现、分析、解决实际问题的意识和能力。在课外，教师可以帮助学生确定适当的学习目标，指导学生养成良好的学习习惯，掌握一定的学习策略，引导课外实践与创新，让学生走出课堂、走出学校、走向社会，从而实现学生自身知识、能力与素质的整体提高与协调发展。

（三）教学资源建设者

教学资源是教学实施的基础，是经过选取、整合的适合课程要求的可供利用的教学材料，包括教材、教学素材和其他形态的补充材料。在传统的大学英语教学模式中，教师只是课程计划和教学资源的实施者与应用者。以网络和多媒体技术为特征的现代信息技术，为学生提供了一个超时空的多元学习环境。教师不再是知识的唯一拥有者，讲授也不再是知识唯一的传授方式，学生可以从多种渠道的学习资源中汲取丰富的知识信息。但是，大量的信息不是都可以成为教学资源的。教学资源的建设应发挥师生的协同作用，采取师生共同参与、动态建构的方式，创建传统教材基础上的教学资源体系，形成纸质与数字化融合的互补性课程资源，如构建模块化主题式教学资源，建设多模态素材型教学资源，挖掘生成性教学资源，使教学资源超越时空，更好地为学生个性化发展服务。同时，教师还要关注学生对资源使用情况的反馈，这些反馈将为教师建设并完善教学资源库提供进一步依据。教学资源只有不断地发展、进化，才能更好地满足学生的需求。

（四）学习过程引导者

在过去的以教师为主体的教学结构中，教师是知识的传授者，是主动的施教者，是教学的绝对主导者。在倡导终身教育、终身学习的信息化社会中，随着现代信息技术与大学英语课程的整合,学生获取知识的途径突破了时空限制,教师不再是唯一的知识传播者。学生的个别化学习、小组合作学习以及教师与学生的共同学习,已经逐渐取代传统的学生被动接受知识的局面。作为教师,要始终坚持以学生为中心,服务于学生自主学习、合作学习过程中多样的个性化环节,指导学生从缤纷繁杂的信息资源中获取学习信息,并且对相应的信息进行选择、加工、整合和再创造,帮助学生树立正确的学习观念,指导学生形成有效的学习策略,引导学生通过独立或合作的分析、探索、实践、质疑和创造来实现学习目标,使学生真正成为教学活动的主人,激励学生不断挖掘自身的学习潜能,在多样化的学习中引领学生完成系统性的学习过程,帮助他们自主地构建个性化的知识体系,并形成终身自主学习的意识与能力。

(五)意义建构协作者

意义建构是学习过程中一个不可或缺的重要环节。教师和学生从来都不是知识的容器和输出、输入知识的机器,他们都有知识建构和创新的潜能。按照主体间性教育理论,教师和学生是两个具有自主性的独立教育要素,师生之间是平等共生的关系。可见,每个人都是知识的积极探求者和建构者,教师应把学生看成和自己平等的相对独立个体。教学不再是原有知识的单向传授,学生由传统的知识接受者变成知识建构者。教师除了支持学生个性化学习、协作学习,满足学生建构式的、主动探索式的学习之外,还可以建立学习共同体,激发学生共同创构、建设和生成知识的潜力,共同完成对所学知识的意义建构。

(六)教育行动研究者

教师作为教育理论转化为教育实践活动的载体,不仅是一个优秀的知识传授者,而且是把教育理论落实为教育实践的教育行动研究者。过去的教育研究人员多为心理学家和教育学家,而在第一线的教师却极少参与到研究中来。实际上,教师参与研究特别是教育教学研究,是提高教师教育教学水平的有效途径,它有利于教师建构自己对教学及学习的正确理念,有利于缩短研究与实际教学之间的距离,有利于提高教师的学术水平。因此,在终身学习社会,教师必须寻找教育理论和教育实践的结合点,以自己的教育实践和已有的经验为基础,以所学的理论为指导,对实际教育问题进行反复的观察、审慎的反思,边实践、边研究,以实践促研究,并及时把最新的研究成果反映到教学实践中,以研究指导教学实践,从而使自己成为一个自觉的教育实践者,弥合教育理论与教育实践之间的鸿沟。

（七）实践教学反思者

真正优秀的教师首先是一个反思者，他应该反思自己的教育理念和教师信念，反思自己的教师角色。如果教师只是根据设定的教学计划传递知识或控制教学活动，而不去反思教学活动的安排是否合理，学生在课堂中的反应和教学效果，教学中存在的问题和需要改进之处，教师角色的扮演情况，教学目标的达标情况等，就不可能收集足够的信息为调整或修改教学方案提供依据。教师不应该仅仅作为由外在技术与原理武装的技术熟练者，还应成为建构和提升自身经验的反思性实践者，具有批判意识与自我批判意识，反思教育实践，真正成为教学生态的主体之一，这是一种根植于教师内心的、致力于不断丰富与完善教学实践的力量，是教师发展其教学知识的重要来源。

（八）学习效果评价者

教师是教育教学过程不可或缺的诊断者与评价者，需要肩负起对学习过程和学习效果的监督与评价职责，及时地评估学生的学习状况和学习成效。教师要更新评价理念及评价方法与手段，建立多元主体共同参与的评价制度，鼓励学生学会自我评估，鼓励同伴互评，重视评价的激励与改进功能，开展发展性学习评价，关注学生的学习行为，发挥非智力因素对学习的促进效应，评价的目的在于以评价促进学习，使学生在接受评价的过程中获得发展。

大学英语课堂是一个巨大的生态系统，系统中的生态因子始终保持着一种动态的平衡，当外部环境发生改变并作用于生态因子时，系统内部的生态因子要相应地自我调整和完善，以确保生态系统守恒。作为大学英语课堂主导因子的教师，应该适应教育生态系统的新变化，需要在不断的能量交换中，进行正确的定位，以新角色来适应新的生态位，提高技能、智能和情感能力，进行科学的调查和研究，不断自我反省、自我调整，为未来生态位的扩充积累能量，同时要和其他教师以及学生形成学习共同体，取长补短，树立正确的价值观和信念。随着现代信息技术与大学英语课程的整合，教师的生态位也发生了相应变化，教师由传统的知识传递者和教学主宰者到价值引导者、教学环境营造者、教学资源整合者、学习过程引导者、知识建构协作者、教育行动研究者、实践教学反思者及学习效果评价者，体现了角色内涵的不断升华。教师的生态位并不是一成不变的，应因时而变，因势而变，针对学生的情况和需求进行不断调整，从而构建出兼容、动态、良性的和谐教学生态环境。

二、信息化背景下大学英语教师生态位重构原则

从生态学视角来看，教师因子是大学英语教学生态系统中不可缺少的环节。教师在整个教学生态系统中发挥着主导作用，但"主导"不同于"主体"或"中心"，学生才是教学的中心。教师应树立生本理念。只有正视了自己的地位，才能正确定位自己的生态位。信息化背景下大学英语教师角色重构需遵循以下原则。

（一）知识多元化

生态位的宽窄理论主要研究的是生态位的宽度。生态位的宽度是指一个种群在一个群落中所利用的各种不同资源的总和。一个物种的生态位越宽，其竞争力越强，能够利用的资源总量越大，在竞争中处于优势地位；相反，一个物种的生态位越窄，其竞争力越弱，能够利用的资源总量越小，在竞争中处于劣势地位。对于大学英语教师而言，知识既是教师个体专业自主发展的条件，也是提高大学英语教学质量的关键因素。大学英语教师的知识结构既是大学英语教学改革的重要内容，又是大学英语教学改革的必要条件。大学英语教师知识的多元化体现在两个方面：一是多视角、多向度的知识创新。教师的知识库容应涵盖7类知识，即所教学科知识，普通教学知识，课程知识，学科教学知识，学习者及其特点的知识，教育环境知识，教育目标、目的、价值及其哲学和历史背景知识。有学者在规模性实证研究基础上，进一步提出外语教师知识中的"解放性"知识，涵盖了教师的职业观、职业道德、职业态度和职业发展观，它与学科教学知识互动，在宏观意义上影响教学导向和教学效果。二是采取多元文化的观点。语言与文化是一种同构性的共存，二者相互塑造，互为因果。外语教学是基于跨文化互动视域的两种及两种以上语言和文化的融合，是一种由文化觉醒朝向文化理解的语言文化教学。外语教学的这种本质特性赋予了外语教师特有的跨文化理解能力，使他们与学生一起从跨文化认知和跨文化情感走向跨文化的体悟与创生。

（二）理解交互性

生态学的前提是自然界所有的东西是联系在一起的，它强调自然界相互作用的过程是第一位的，所有的部分都与其他部分及整体相互依赖、相互作用，生态共同体的每一部分、每一小环境都与周围生态系统处于动态联系之中。生态系统是积极与外界发生能量交换的复杂性互动系统，而这种复杂性互动的深度与广度决定了物种生态位的拓展状态。教师作为一种特殊的社会性物种，也需要经由与外界和他者进行信息、资源等多方面的积极互动来实现自身生态位的提升，如在教学资源的获取、筛选与整合过程中，教师与学生相互沟通、共同研判其价值，

教师与自身所处教学情境及社会环境的互动，教师在参与共同体学习的过程中与他人的互动，如引领、指导学生开展深度学习，促进学生学科知识的内化和专业能力的发展，与其他团队成员的相互沟通、协同合作等。

（三）创造开放性

信息化背景下的高等教育正发生着深刻变化，呈现出教育资源数字化、教学支持网络化和学习方式多元化的发展态势，给教育教学带来了前所未有的机遇和挑战，呼唤教育理念的更新和教学行为的改变。处于变革节点上的大学英语教学，应主动适应时代发展的变化。为培养符合时代要求的新型外语人才，大学英语教师要转变教育理念或教学观念，突破传统的教学思维定式，把教学置身于更为广阔的社会文化背景，突破传统课程内容形态结构，注重学科间、知识间的联系，实现课程内容的学科整合，充分利用现代信息技术和信息化资源，创建开放性教学资源，创设信息化教学环境，让课堂从封闭走向开放，充分尊重学习者的主体地位，建立鼓励创新的教学文化，促进协同学习意义上的教学关系建构，形成"协同式双主体"教学结构和平等的师生关系，实现从专注"教"到助力"学"的战略性转变，实现由知识传授型教学向学习引导型教学的实践转变。教师的角色理应是对话者和理解者，从而可以平等地看待学生、尊重学生，以角色换位来"移情"和理解学生，并给予指导和帮助，实现师生理解的"视界融合"。

（四）自主自觉性

主动与外界交流，不断拓展生态位，是生物体存续的基本状态。教师要实现自身生态位的拓展，必须根据自身生态位的优势以及自身学习需求，自主开展学习，树立终身学习的观念，积极更新自身的教学理念，吸收新理论、新观念，提高自身使用信息技术的能力，广泛关注可能性学习资源，选择适合自己的学习方式，不断更新知识结构，创新教学实践，并对学习过程、教学实践进行及时反思与调整，对学习结果进行积极主动的自我评价，提升自身专业素质，拓展自我效能，满足社会对教师的角色期待。教育不仅仅是学生成长与知识建构的过程，同时也是教师自身生命展开与意义建构的过程。只有教师的职业能力和专业水平得到提高，才能不断促进、支撑和发展学生的能力；只有教师的精神境界和生命质量得到提升，才能不断陶冶、净化和丰富学生的心灵。

（五）动态个性化

教师角色的动态个性化指教师生态位随着教育教学发展的变化而发生改变。

随着大学英语教学改革的不断深入，教学目标的变化，现代信息技术与大学英语课程的整合，以及国家、社会对新型外语人才的需求，大学英语教师必须根据不断发展变化的教育思想和新的课程理念，适应社会和时代的变化，适时转换角色，树立以学生为中心的教育教学理念，关注学生的个性发展需求及可持续发展，让学生真正成为学习主体，成长为具有独立个性的、全面发展的人，获得可持续发展能力，即终身学习能力。教师在此过程中应该是帮助学生学习和培养学生各种能力的探究者、促进者和引导者。

第四节　教育生态学视域下的大学英语教师专业发展

一、专业发展的内涵及意义

教师是影响学生学业发展、决定教育成败的关键因素。《国家中长期教育改革和发展规划纲要（2010—2020年）》也明确指出"教育大计，教师为本"。可见，教师专业发展是提高教师素质、确保学生发展、影响教育改革成败、影响教育质量高低的重要因素。

关于英语教师专业发展的内涵，不同学者有不同阐释。有学者认为，英语教师的专业发展主要包括专业知识、专业技能和专业情感的发展。专业知识包括相关学科知识、任教学科知识和教育学科知识；专业技能包括整合课程资源的能力、适应课程的教学能力以及运用课程标准进行评价的能力；专业情感包括专业思想、专业信念、专业方向及专业自我等。还有学者从教师发展过程角度指出这是教师在职业生涯中不断发现问题、研究问题、从而解决问题的过程，也是集教师的专业知识、专业技能、专业素质、专业素养、专业情感于一体的培养过程，更是教师自我加压、自我发展、自我提升的过程。另外还有这样的观点：外语教师专业发展应是教师的一种自主自觉行为，即教师在知识建构和反思学习的基础上，不断提升自身的教学能力、科研能力和师德修养的过程。在这一过程中，知识建构以反思学习为前提，终身学习理念与学术研究的团体氛围是促进教师专业发展的有效保障，信息化环境赋予外语教师专业发展新的内涵，包括教师信息与通信技术素养、网络元评价能力和网络教育叙事研究能力。

尽管不同的学者用不同的方式表述教师专业发展的定义，但基本共识是教师专业发展是教师以自主意识为动力，通过各种与专业发展相关的途径和活动，不断学习、成长的过程，是不断更新教育观念、完善专业知识结构、提高专业技能，逐渐提升自身专业素质、发展并完善专业认同的过程。

二、国内专业发展研究现状

国内学者对外语教师专业发展的研究起步较晚，研究内容较为单一，研究成果有限。有学者对教师专业发展的生态化培养模式进行了探讨，认为教师专业发展的传统培养模式过于强调教育理论，注重掌握教育原理和知识，容易与教育实践相脱离。生态取向的教师专业发展含有更大的包容性、系统性和现实性，是教师专业发展的必然选择。我们必须建构起符合教师专业发展规律的生态化培养模式，具体策略包括关注自我意象、反思教学实践、营造教师文化、形成教学共同体、整合各种资源、实行多维评价等。组建教学团队，共建内容依托式英语课程是促进大学英语教师专业发展的有效途径之一，这是一种融教学和教研、合作行动和反思教学活动于一体的团体合作活动。教师依托团队和平台等客观环境，通过长效的团队合作机制共同完成一项任务，以实现增强自我发展动力，拓展专业素质结构，增加学科内容知识的专业发展目标。

还有学者对教师发展途径之一的专业学习共同体建设的有效性进行了实证考察，研究以华中地区某部属高校的大学英语教师专业发展共同体建设为例，通过收集、分析定量（问卷）和定性（日志、访谈）数据，发现共同体建设确实能够促进教师专业发展，其中起促进作用的主要因素有共同体内有效的人际互动，尊重与传播教师个人实践性知识，课程改革及其对普通教师的赋权。

另外，对国家精品课程/国家精品资源共享课"大学英语应用类课程"教师专业发展实践的十年追踪性研究发现，实践反思与团队建设是我国大学英语教师专业发展的重要路径和有效手段。从个体层面上说，教师专业发展是思想意识和实践能力两者合力的结果，思想意识的陶冶需要反思的积极催化，实践能力的培养依赖反思的有效指导。团队建设有利于形成具有共性的团队成员相互帮助、相互激励的机制，为教师发展创建良性环境。

有学者探讨了文化生态取向下的外语教师专业发展模式及其策略，认为教师专业发展存在"外烁"和"内塑"两条路径。外语教师的专业发展受到外在社会文化生态、外语教学的跨文化本质和外语教师的内在群体性特征及个体性成长需求的影响，要从"外烁"与"内塑"两条路径上展开，采取"内外融合"的发展模式。具体策略包括：制度安排和政策体系的完善和一体化，校本文化与研究社团的良性互动，教师的教学哲学凝练，教师的反思性行动研究。

还有学者探究了教材开发实践对教师专业发展的影响。对问卷结果和访谈纪要的分析表明，教师参与教材开发项目对技术性知识、实践性知识和解放性知识的增长均有促进作用，主要表现为教师的语言能力得到提高，教材使用行为得到改进，教学观念发生转变，专业发展自信心、创造力与自我效能感明显增强。

近年来，针对大学英语教师专业发展策略的研究较为丰富，但研究缺乏系统性、整体性。本研究旨在探索影响大学英语教师专业发展的因素，并从生态学视角进一步提出大学英语教师专业发展路径。

三、生态学视域下大学英语教师专业发展路径

教师专业发展包括教师个体专业发展生态、教师群体专业发展生态和教师专业发展生态系统三个层次。其中，教师个体专业发展生态是指教师个体身心发育、专业理想形成、专业知识获得、专业技能提升和专业自我养成等，是促进和协调专业发展的内部生态。教师群体专业发展生态是指每一所学校或每一个区域都有一个适度规范的教师群聚。教师专业发展生态系统是以教师为中心，对教师专业发展起制约和调控作用的多元环境体系。

世界上的任何生物都是在一定的生态环境下孕育、成长与成熟的，脱离生长、生存的孕育生态环境，即使给予充足的养分和照料，其也会失去灵性和生存本能，从而无法生存。从生态学的角度出发，教师的成长发展是个人与环境相互作用的过程，教师并非孤立存在，而是生存、工作在一个由自然、社会与规范环境彼此嵌套的多维生态环境中，它为教师专业发展提供生存空间和政策支持，维持物质、能量和信息的交换，保持内部与外部的平衡，提供良好的教师专业发展环境。只有教师个体与生态系统中的因子进行有效的物质、能量和信息交换，才能使教师生态系统保持一种有序的状态。如果这种交换出现失衡或中断，教师专业发展生态系统则失去平衡，教师专业发展就会受到影响或阻隔。构建教师专业发展生态环境是促进教师专业发展系统性和有效性的重要途径。

（一）建构专业发展个体生态环境

1. 营造教师文化

教师文化是学校文化的亚文化。教师文化是由教师独特的知识体系、个人信仰、思维方式及价值观念系统等构成的复合整体，是支配教师行为方式的深层精神因素。教师文化的一个成熟表现就是教师群体拥有一种共同的教育信念，包括先进的教育观、学生观和教育活动观，这些信念在很大程度上影响着教师的教育

教学行为，对教师的专业化成长发挥着重要的作用。由此可见，教师文化对教师专业发展有着不可替代的作用，它能使教师有意识地把追求理想的专业发展转变成自觉行为，并始终保持自我更新的发展方向，为真正实现教师的自主专业发展奠定坚实的基础。教师文化的追求应该包含以下几个方面。首先，人类在物质世界与情感世界的二维存在，决定着教育者在完成知识传授任务的同时，更要关心学生情感层面的发展，以深刻的生命关怀及丰富的人生体验为基础，以学生的认识发展与人格建构为主旨，引导学生对学习及生活形成人生体验，把人的培育与主体的发展作为教育的终极目标，建构属于个人的基于教师信念的教学哲学，成为具有个体特征的文化人。其次，教师不再是教科书的忠实执行者，教师的权威不再仰仗于知识传承角色，而是依赖于自身的学术水平、教育智慧及主体人格的提升。因而，教师要在最大程度上实现"学"与"思"相结合的文化素养建构。最后，作为课程领域的参与者与研究者，教师要自主反思自身的专业实践，反思自身职业的主体价值，以理性的姿态建构公共性的批判意识，建构自身专业发展空间。

2. 优化教师的知识结构

影响教师效能的首要因素是教师自身的知识结构。有学者提出合格的外语教师应具备较扎实的专业知识和专业技能、较强的教学组织能力和教育实施能力、较高的人品修养和令人愉快的个人性格、较为系统的现代语言知识、相当的外语习得理论知识、一定的外语教学法知识等，这些内容构建了高校优秀英语教师的专业素质框架，该框架由四个维度组成：外语学科教学能力、外语教师职业观和职业道德、外语教学观、外语教师学习与发展观。可见，教师知识结构是一个多维度的概念。综合相关文献并结合现代信息技术与大学英语课程整合的背景，大学英语教师知识结构分为三个部分：①条件性知识：既包含教育学、心理学、社会学、语言学、语言教学、信息技术理论等，又包含教师信念、教师职业素养、教师评估素养、教师信息素养等。②本体性知识或专业性知识：既包含英语专业知识与技能，又包含跨学科知识与技能。③实践性知识：既包含教学经验的积累与整合，又包含对教学活动的反思与评估。从生态学视角来看，知识的主体与环境之间是一种积极能动的互动，是富于创造性的关系，彼此吸收、互补、循环互动，大学英语教师应不断调整、补充、更新和发展自身知识结构，成为一专多能的人才，为深化大学英语教学改革和提高大学英语教学质量开拓进取。

3.建设专业学习共同体

教师和学生是课堂生态系统中两大主体因子。树立合作发展意识，打造优质学习共同体，促进师生协同发展是生态课堂追求的目标。教师要认识到教师与教师、教师与学生，以及学生与学生之间在系统内部能量流动的相互影响和相互作用，要有合作发展的意识。只有这样，才能实现教学系统中的各个生态因子之间的多元、共生，进而实现教育系统之间的动态平衡。专业学习共同体以达到有意义学习为目的，在共同愿景的感召下，基于成员互动、知识共享和社会支持，形成多元化的富有生命力的教师教育实践的文化生态系统。教师专业学习共同体指的是在教师专业发展过程中建立起来的具有相同目标，共同参与专业发展的计划、实施和反思的智力团体。

教师专业学习共同体应具有以下五个特征：①共享的规范和价值。②反思性对话。③去个人化的实践（即教师以公开方式从事教育实践，他们身兼建议者、专家和学习者角色，既为同事提供支持，也获得同事的帮助，共同分享实践经验）。④对学生学习的集体关注（即教师的对话和活动以促进学生学习和发展为中心）。⑤教师合作。研究表明共同体使教师在教学实践中有所改变，营造了更聚焦学生学习、更具权威性、更持续学习的文化氛围，对学生学习也产生了积极效应，学生成绩有所提高。不仅如此，专业学习共同体的建设有助于形成合作性的教师文化，教师在与同伴的交流合作过程中建构新的知识和技能框架，获得最大限度的发展；有助于教师实践性知识的主体建构，提升教师解决问题和实践反思的能力；有助于激活教师对课程建设的主人翁意识和积极情感及行为，教学团队有权从整体上自主决定与课程相关的各种政策、组织和实施程序，由此构建专业身份，实现自我导向式的专业发展。专业学习共同体的建设是教师实践教学的文化诉求，使教师在专业组织内实现专业发展，促使教师实践教学走向系统化和生态化。

4.提升教师的信息素养

我国高校现代教育技术硬件设施较完善，但优秀教学资源不足；大学英语教师使用现代教育技术的意识较强，教育技术基本理论知识较为丰富，但应用水平和操作能力不高。大学英语教师对于现代教育技术的应用依然停留在多媒体教学和制作课件等初级阶段。除部分承担软件教学任务的教师外，多数教师主要是用多媒体替代了板书，借助PPT演示教学内容，以呈现文字信息为主，对于运用专业软件进行各类素材采集和集成的能力较弱，提升教师信息素养任重而道远。信息素养具体是指一个人能够认识到何时需要信息，能够检索、评价和有效利用信息,并且对所获得的信息进行加工、整理、提炼、创新,从而获得新知的综合能力。对于大学英语教师而言,信息素养包含学习、教学和科研三个层面。一是要夯实信息基础理论,丰富学科知识与教学知识。二是要运用信息技术解决教学中的问题。三是要运用信息技术从事学术研究。

5. 开展行动研究

行动研究以解决实际问题为主要目标,其研究对象是实际工作中的问题,因此具有情境性、动态性和可操作性等特点。行动研究是与教师自身的长远发展紧密相联的自我教学研究,在很大程度上决定了教师专业化成长的水平。教师以自己的教学活动过程为思考对象,明确问题、分析问题、解决问题,并对自己在解决问题过程中所做出的行为、决策,以及由此所产生的结果进行审视和分析,使自己的理论知识实践化,实践经验理论化。开展行动研究,不断反思自身的教学实践,不仅是促进教师专业发展的手段,也是教师专业发展的目标,是教师实现专业发展的重要品质。

(二)建构专业发展社会生态环境

影响大学英语教师专业发展的社会生态环境,是指除了教师个体生态环境之外的其他环境要素,既包括与教师发生直接关系的学校规章制度、管理风格等,也包括与教师发生间接关系的教育行政机构、教育制度、教育习俗和文化等。社会生态环境与教师专业发展的联系尤为紧密,教师就是在社会生态环境里思考、感知并进行着自己的专业发展活动的。教师专业发展的社会生态环境就是教师在其专业发展过程中,通过与学校、社会、社群进行信息传递、技能交流、智慧碰撞和文化构建,最终促成教师专业发展的良性生态圈。

1. 树立生态取向价值观念

教师是人,是社会中的人,教师必须在一个常态的生态环境中,才能获得健康成长与发展。因而,必须转变教师教育理念,摒除教师专业发展的工具理性,关注教师生命主体,让教师成为专业发展的主体。

2. 建构教师动态管理机制

在教师的工作与生存环境中,必须具有进入与退出的竞争淘汰机制,打破教师职业终身制或是"单位人"的思想,形成教师是教育"系统人"和"社会人"的思想,促进教师合理地流动,使教师在竞争与流动的生态中获得专业发展。

3. 确定专业发展层级规划

由于教师个体情境的差异性，导致教师专业发展的内容需求和路径选择也存在个体差异性。因而，要针对不同专业发展需求，规划教师专业发展层级，使教师能够在独特的学习"生态系统"中找到各自独特的生态位，以更好地指导其教学实践。

4. 创设互利共生发展环境

生态学视域下的教师专业发展重视在合作基础之上构建教师的发展环境，如以名家领航为导向、以教研组为基地、以名师工作室为依托建立教师专业发展保障群，创设良好的教师专业技能承接环境，能够推动各个层次教师的合作发展和高效发展。

5. 创新专业发展评价体系

从教师专业发展的角度来看，对教师的评价应该是教师专业成长计划统一而不可分割的部分。要体现促进教师专业发展的评价体系是生态化的，就要实行多维评价。评价的目的不是鉴定优劣，而是促进教师专业发展的手段。评价是综合性的，既包括教师对自己教学行为的自我评价，又包括校长、其他教师、学生、家长共同参与的评价。评价方式要多样化，重视过程性评价。科学、合理、公平的评价机制，对教师专业发展具有激励功能、导向功能和调控功能。

参考文献

[1] 范国睿. 教育生态学［M］. 北京：人民教育出版社，2019.

[2] 宁云中. 生态、空间与英语教育教学研究［M］. 北京：中国戏剧出版社，2019.

[3] 陈坚林. 计算机网络与外语课程的整合：一项基于大学英语教学改革的研究［M］. 上海：上海外语教育出版社，2010.

[4] 蔡玲. 大学英语教学实践探索［M］. 长春：吉林文史出版社，2010.

[5] 周雪. 多元视阈下的大学英语教学研究［M］. 北京：中国商业出版社，2022.

[6] 张颖. 生态翻译学理论与应用研究［M］. 长春：吉林人民出版社，2010.

[7] 周颖. 基于现代信息技术的英语教师生态位研究［M］. 合肥：安徽大学出版社，2014.

[8] 雷丹，陈坚林. 大学英语教师"态"的生态学解析［J］. 外语学刊，2015（5）：99-105.

[9] 雷丹，柳华妮. 外语教师角色与教师生态位研究［J］. 外语电化教学，2015（2）：59-65.

[10] 朱春全. 生态位态势理论与扩充假说［J］. 生态学报，1997（3）：324-332.

[11] 吴岩. 新使命 大格局 新文科 大外语［J］. 外语教育研究前沿，2019，2（2）：3-7.

[12] 梅翠平. 生态化教育环境下大学英语教师身份的建构［J］. 外国语文，2020，36（4）：137-144.

[13] 梁爱民. 教育生态学视角下大学英语生态化课程体系构建与研究［J］. 鲁东大学学报（哲学社会科学版），2019，36（5）：84-90.

[14] 谢素云. 基于教育生态学理论的大学英语作业生态化实证探究［J］. 亚太教育，2015（31）：78.

［15］崔羽杭,田丹,李文.教育生态学视阈下大学英语课堂师生关系生态化探究［J］.中国电力教育,2014(12):154-155.

［16］张静.基于"生态化教育"理念的大学英语课堂教学策略［J］.开封教育学院学报,2013,33(4):105-106.

［17］包桂影,王立军,黄慧强.基于教育生态化理论的大学英语教学模式试验研究［J］.石家庄铁道学院学报(社会科学版),2010,4(1):89-93.

［18］杜澄澄.生态教学视角下的大学英语听力教学实证研究［D］.长春:吉林大学,2015.

［19］张琳琳.生态化视角下的大学英语课堂沉默现象研究［D］.长春:长春工业大学,2015.

［20］贾竑.计算机网络环境下大学英语生态化教学模式之构建研究［D］.齐齐哈尔:齐齐哈尔大学,2014.

［21］刘长江.信息化语境下大学英语课堂生态的失衡与重构［D］.上海:上海外国语大学,2013.

［22］刘琳霞.大学英语生态化教学环境研究及其构建［D］.天津:天津大学,2013.

［23］丁蕾.郑州高校的生态化英语课堂研究［D］.郑州:郑州大学,2012.

［24］吴文.英语教学生态模式研究［D］.重庆:西南大学,2012.